主　编 陈斯喜
副主编 吴高盛

新监督法 快问快答

中国出版集团
中国民主法制出版社
全国百佳图书出版单位

图书在版编目（CIP）数据

新监督法快问快答/陈斯喜主编；吴高盛副主编．北京：中国民主法制出版社，2025.4.—ISBN 978-7-5162-3888-2

Ⅰ. D921.115

中国国家版本馆 CIP 数据核字第 20256ZH521 号

图书出品人：刘海涛
出 版 统 筹：贾兵伟
图 书 策 划：张 霞
责 任 编 辑：张 霞

书名/新监督法快问快答
XIN JIANDUFA KUAIWEN KUAIDA
作者/主 编 陈斯喜
副主编 吴高盛

出版·发行/中国民主法制出版社
地址/北京市丰台区右安门外玉林里 7 号（100069）
电话/（010）63055259（总编室） 83910658 63056573（人大系统发行）
传真/（010）63055259
http：// www.npcpub.com
E-mail：mzfz@npcpub.com
开本/16 开 700 毫米×1000 毫米
印张/11 **字数**/141 千字
版本/2025 年 3 月第 1 版 2025 年 3 月第 1 次印刷
印刷/三河市宏图印务有限公司

书号/ISBN 978-7-5162-3888-2
定价/49.00 元

编写说明

2006年8月27日，第十届全国人民代表大会常务委员会第二十三次会议通过《中华人民共和国各级人民代表大会常务委员会监督法》（以下简称“监督法”），自2007年1月1日起施行。监督法是各级人大常委会行使监督权的重要法律依据。监督法的颁布施行，对各级人大常委会依法行使监督职权，健全监督机制，增强监督实效，确保宪法和法律、法规得到全面有效实施，促进依法行政、依法监察、公正司法，发挥了重要作用。

党的十八大以来，以习近平同志为核心的党中央从坚持和发展中国特色社会主义的全局和战略高度，对坚持和完善人民代表大会制度、健全党和国家监督体系进行顶层设计，对人大监督作出一系列重大部署，推进一系列重大工作，取得历史性成就。2021年10月，党中央召开中央人大工作会议，对新时代坚持和完善人民代表大会制度、加强和改进人大工作作出全面部署。习近平总书记明确指出，“用好宪法赋予人大的监督权，实行正确监督、有效监督、依法监督”。党的二十大报告提出，支持和保证人大及其常委会依法行使监督权，健全人大对行政机关、监察机关、审判机关、检察机关监督制度，维护国家法治统一、尊严、权威。深入学习贯彻习近平新时代中国特色社会主义思想特别是习近平法治思想、习近平总书记关于坚持和完善人民代表大会制度的重要思想，践行全过程人民民主重大理念，落实党中央重大决策部署和中央人大工作会议精神，有必要在认真总结监督法施行以来特别是党的十八大以来人大监督工作实践经验的基础上，适应新形势新要求，对监督法作出修改完善，进一步明确人大监督的指导思想和原则理念，坚持好、完善好、运行好人民代表大会制度，健全监督体制机制和方式方法，增强监督针对性、实效性，更好发挥人大监督作用。为贯彻新发展理念，推动高质量发展，保障全面建设社会主义现代化国家、以中国式现代化全面推进中华民族伟大复兴提供有力支撑。

根据立法工作安排，全国人大常委会法制工作委员会于 2021 年下半年启动监督法修改工作。经过深入调研，广泛听取各方面意见，形成了监督法修正草案。2023 年 12 月 25 日，第十四届全国人民代表大会常务委员会第七次会议对监督法修正草案进行了初审。2024 年 11 月 4 日，第十四届全国人民代表大会常务委员会第十二次会议对监督法修正草案进行了再次审议。2024 年 11 月 8 日，第十四届全国人民代表大会常务委员会第十二次会议通过《全国人民代表大会常务委员会关于修改〈中华人民共和国各级人民代表大会常务委员会监督法〉的决定》，对监督法作出一系列重要修改。

为了宣传贯彻修改后的监督法，我们组织长期从事立法、监督理论研究与实务工作的同志，对修改后的监督法按照条文顺序设置了 88 个问题，以问答方式对监督法主要内容和监督工作实践作了阐述，供读者在学习贯彻修改后的监督法时参考。本书由第十三届全国人大常委会委员、第十三届全国人大社会建设委员会副主任委员陈斯喜同志担任主编，中国人大制度理论研究会原副秘书长、全国人大常委会法工委立法规划室原主任吴高盛同志担任副主编。参加编写工作的有王宝林、李新建、刘淑强、周广纯、张桂龙、戴明远等同志。限于水平，书中难免有不妥之处，敬请读者不吝指正。

编　者

2025 年 1 月

目　录

第一章　总　则

第二章　听取和审议专项工作报告

第三章　财政经济工作监督

第四章　法律法规实施情况的检查

第五章　规范性文件的备案审查

第六章　询问、专题询问和质询

第七章 特定问题调查

第八章 撤职案的审议和决定

第九章 附 则

附　录

第一章

总　则

十四届全国人大常委会第十二次会议通过的修改监督法的决定对监督法主要作了哪些修改?

修改监督法的必要性和重大意义是什么?

修改监督法的总体要求和遵循的主要原则是什么?

一、十四届全国人大常委会第十二次会议通过的修改监督法的决定对监督法主要作了哪些修改？

答：2024 年 11 月 8 日，第十四届全国人民代表大会常务委员会第十二次会议通过《全国人民代表大会常务委员会关于修改〈中华人民共和国各级人民代表大会常务委员会监督法〉的决定》，对监督法主要作了如下修改[①]。

（一）完善监督法立法宗旨及人大监督的指导思想、重要原则和核心理念。在立法宗旨中增加了“坚持好、完善好、运行好人民代表大会制度”的内容；在总则有关指导思想的条文规定中，增加了“科学发展观、习近平新时代中国特色社会主义思想”等内容。

（二）完善听取和审议专项工作报告的制度机制。将第二章章名修改为“听取和审议专项工作报告”，包括各级人民政府、监察委员会、人民法院、人民检察院等向本级人大常委会作的各类专项工作报告、本级人民政府关于环境状况和环境保护目标完成情况的报告，以及必要时，常务委员会可以组织开展跟踪监督等。

（三）完善人大财政经济工作监督的内容和机制。将第三章章名修改为“财政经济工作监督”，使之表述简洁，主旨鲜明；同时，明确“财政经济工作监督”的十项内容：明确国有资产管理情况报告制度；明确对政府债务情况的监督，对金融工作情况的监督，以及常委会运用现代信息技术开展联网监督，建立健全信息共享和工作贯通协调机制，提高财政经济工作监督效能等。

（四）完善人大执法检查工作机制。一是在有关条文中增加规定：“执法检查前，本级人民代表大会有关专门委员会或者常务委员会有关工作机构可以对重点问题开展专题调查研究。”“上级人民代表大会常

---

① 见附录：2023 年 12 月 25 日在第十四届全国人民代表大会常务委员会第七次会议上全国人大常委会法制工作委员会副主任武增所作的《关于〈中华人民共和国各级人民代表大会常务委员会监督法（修正草案）〉的说明》。

务委员会根据需要，可以与下级人民代表大会常务委员会联动开展执法检查。”“有关地方人民代表大会常务委员会根据区域协调发展的需要，可以协同开展执法检查。”“执法检查可以采取座谈会、实地检查、第三方评估、问卷调查或者抽查等形式，深入了解情况，广泛听取意见。”

（五）完善人大备案审查制度。总结近年来的实践经验，对监督法第五章“规范性文件的备案审查”有关规定进行补充、完善。增加“备案审查机关应当建立健全备案审查衔接联动机制，对应当由其他机关处理的审查要求或者审查建议，及时移送有关机关处理”和“常务委员会应当每年听取和审议备案审查工作情况报告”的规定等。

（六）增加规定专题询问。将“专题询问”纳入监督法第六章章名中，并对专题询问的问题、专题询问的形式、专题询问中提出的意见的处理等分别作出规定。

（七）体现国家机构改革的相关要求。一是，在有关条款中增加了“监察委员会”及相关内容。二是，将有关条文中的“法律委员会”修改为“宪法和法律委员会”。

（八）明确常委会监督工作计划。根据多年来的实践做法，将原监督法有关条款的内容进行整合，在附则中增加一条规定：“各级人民代表大会常务委员会制定年度监督工作计划，加强工作统筹，综合运用听取和审议专项工作报告、执法检查、专题询问、专题调研等方式进行监督，增强监督工作的针对性、协调性、实效性。”“年度监督工作计划由委员长会议或者主任会议通过并向社会公布。”“年度监督工作计划可以根据实际需要作出适当调整。”

二、修改监督法的必要性和重大意义是什么？

答：监督权是宪法赋予人大的一项重要职权，人大监督是党和国家监督体系的重要组成部分。《中华人民共和国各级人民代表大会常务委员会监督法》于2006年8月27日由十届全国人大常委会第二十三次会议通过，自2007年1月1日起施行。监督法是各级人大常委会行使监督权的重要法律依据。监督法的颁布施行，对各级人大常委会依法行使监督职权，健全监督机制，增强监督实效，发挥人民代表大会制度的特点和优势，具有重要意义。2024年11月8日，十四届全国人大常委会第十二次会议通过《全国人民代表大会常务委员会关于修改〈中华人民共和国各级人民代表大会常务委员会监督法〉的决定》（以下简称“修改监督法的决定”），自公布之日起施行。修改监督法的必要性和重大意义如下[①]。

（一）修改监督法是新时代加强党对人大监督工作的全面领导、保证党的路线方针政策和决策部署贯彻执行的必然要求。

（二）修改监督法是新时代坚持和发展全过程人民民主、健全人民当家作主制度体系的客观要求。

（三）修改监督法是深入总结实践经验、坚持好完善好运行好人民代表大会制度的客观要求。

（四）修改监督法是坚持全面依法治国、在法治轨道上推进国家治理体系和治理能力现代化的客观要求。

三、修改监督法的总体要求和遵循的主要原则是什么？[②]

答：（一）修改监督法的总体要求。修改监督法的总体要求是，必须高举中国特色社会主义伟大旗帜，坚持以习近平新时代中国特色社会主义思想为指导，深入贯彻习近平法治思想、习近平总书记关于坚持和

---

① 见附录：2023年12月25日在第十四届全国人民代表大会常务委员会第七次会议上全国人大常委会法制工作委员会副主任武增所作的《关于〈中华人民共和国各级人民代表大会常务委员会监督法（修正草案）〉的说明》。

② 见附录：2023年12月25日在第十四届全国人民代表大会常务委员会第七次会议上全国人大常委会法制工作委员会副主任武增所作的《关于〈中华人民共和国各级人民代表大会常务委员会监督法（修正草案）〉的说明》。

完善人民代表大会制度的重要思想，坚持党的领导、人民当家作主、依法治国有机统一，认真总结新时代人大监督工作实践经验，适应新形势新要求，健全人大监督体制机制，更好发挥人民代表大会制度的根本政治制度作用。

（二）修改工作遵循的主要原则。修改工作遵循的主要原则：一是坚持正确政治方向，坚持和加强党对人大监督工作的全面领导，认真贯彻落实党中央决策部署和中央人大工作会议精神，通过完善人大监督制度机制保障党的路线方针政策和党中央决策部署的全面贯彻和有效执行。二是深入贯彻全过程人民民主重大理念和实践要求，坚持和发展全过程人民民主，通过修改监督法充分发挥人大的民主民意表达平台和载体作用，充分发挥人大代表的重要作用，健全吸纳民意、汇集民智工作机制，健全人民当家作主制度体系。三是坚持问题导向、实践导向，认真总结监督法施行以来特别是党的十八大以来人大监督工作的成功经验和有益做法，完善人大监督制度机制；对于缺乏实践经验或者尚未形成基本共识的内容，不作修改；对一些只在基层或者部分地方进行探索的做法，一般不在监督法中作规定。四是坚持法制统一，遵循和贯彻宪法规定、宪法原则和宪法精神，注意协调处理好同近年来已经修改完善的全国人大组织法、全国人大议事规则、地方组织法、立法法等法律和全国人大常委会有关决定的关系，保持法律规范衔接协调，保证法律体系和谐统一。

四、各级人大常委会为什么必须依据宪法和有关法律的规定行使监督职权？

答：宪法第五条第一款规定：“中华人民共和国实行依法治国，建设社会主义法治国家。”依法治国，首先是依宪治国，关键在依法治权。习近平总书记强调，要“把权力关进制度的笼子”里。行政机关法无授权不可为，是法治的一个基本原则。各级人大常委会作为本级国家权力机关的常设机关，必须依据宪法和法律规定行使包括监督权在内的各项职权，是法治的内在要求，是宪法的明确规定。各级人大常委会只有依法监督，才能做到正确监督、有效监督。依法行使监督权，既包括依照法定权限行使监督权，也包括依照法定程序行使监督权，两者不可或缺。

五、监督法的调整范围是什么？

答：监督法第二条规定："各级人民代表大会常务委员会依据宪法和有关法律的规定，行使监督职权。""各级人民代表大会常务委员会行使监督职权的程序，适用本法；本法没有规定的，适用有关法律的规定。"这一规定表明，监督法的调整范围是"各级人民代表大会常务委员会的监督工作"，不包括人民代表大会的监督工作。监督法之所以作这样的规定，主要考虑：一是，各级人大和县级以上各级人大常委会都有对"一府一委两院"（人民政府、监察委员会、人民法院和人民检察院）的监督权，但人民代表大会与人大常委会的具体监督职权有所不同。人民代表大会主要听取和审议"一府一委两院"的工作报告，审查和批准国民经济和社会发展计划与计划执行情况的报告、预算和预算执行情况的报告，从广义的监督来看，审议工作报告，有赞成的意见，有批评的意见，也是监督；审查计划、预算，最后的决定、批准，也是对政府编制、执行计划、预算的一种监督。但是，各级人大通常一年只开一次会，难以对"一府一委两院"工作实施经常性监督。按照宪法规定，对"一府一委两院"工作实施经常性监督的职权是由人大常委会行使的。二是，实践中各地方为加强人大监督工作进行的探索和需要加以规范的，也集中在如何加强和完善人大常委会对"一府一委两院"工作的监督问题上。监督法将调整范围确定为人大常委会的监督工作，体现了立法着眼于现实需要，立足解决实际问题，使监督法更具有针对性和可操作性。

六、人大常委会监督的内容是什么？监督的形式有哪些？

答：（一）监督的内容。按照宪法和监督法等法律的规定，人大常委会对人民政府、监察委员会、人民法院和人民检察院进行监督的内容包括法律监督和工作监督两个方面。

所谓法律监督，根据监督法规定，是指各级人大常委会依据宪法和法律的规定对“行政法规、监察法规、地方性法规、自治条例和单行条例、规章等”“下一级人民代表大会及其常务委员会作出的决议、决定和本级人民政府、监察委员会、人民法院、人民检察院制定的规范性文件”“最高人民法院、最高人民检察院作出的属于审判、检察工作中具体应用法律的解释”等涉及公民、法人和其他组织权利义务并且普遍适用的规范性文件是否符合宪法和法律所进行的监督。简单讲就是，依据宪法和法律对规范性文件的合宪性合法性所进行的监督。对各级人大常委会的法律监督，修改后的监督法主要在“规范性文件的备案审查”一章中作了明确规定。

所谓工作监督，按照修改后的监督法规定，就是人大常委会对人民政府和监察委员会、人民法院、人民检察院在工作中是否正确实施法律和依法行使职权，是否正确执行人民代表大会及其常务委员会作出的决议、决定的情况所进行的监督。通过监督，促进“一府一委两院”依法行政、依法监察、公正司法。

（二）监督的形式。人大常委会实施法律监督的主要形式是对“行政法规、监察法规、地方性法规、自治条例和单行条例、规章等”“下一级人民代表大会及其常务委员会作出的决议、决定和本级人民政府、监察委员会、人民法院、人民检察院制定的规范性文件”“最高人民法院、最高人民检察院作出的属于审判、检察工作中具体应用法律的解释”等的备案审查。人大常委会工作监督的形式主要包括：听取和审议专项工作报告；财政经济工作监督；执法检查；询问、专题询问和质询；特定问题调查；撤职案的审议和决定等。其中，听取和审议专项工作报告、财政经济工作监督、执法检查，是人大常委会进行工作监督基本的、主要的形式。

七、监督法为什么规定各级人大常委会行使监督权应坚持党的领导、坚持党和国家的指导思想、坚持中国特色社会主义道路的原则?

答：监督法第三条规定：“各级人民代表大会常务委员会行使监督职权，应当坚持中国共产党的领导，坚持以马克思列宁主义、毛泽东思想、邓小平理论、‘三个代表’重要思想、科学发展观、习近平新时代中国特色社会主义思想为指导，坚持中国特色社会主义道路，确保宪法和法律、法规得到全面有效实施，确保行政权、监察权、审判权、检察权依法正确行使。”

监督法的上述规定，是在人大监督中贯彻落实宪法规定的必然要求。宪法规定，社会主义制度是中华人民共和国的根本制度。中国共产党领导是中国特色社会主义最本质的特征。宪法的上述规定，集中反映了全国人民的共同意志和根本利益。各级人大常委会在对“一府一委两院”监督过程中，必须深刻把握、全面贯彻监督法第三条的规定，始终做到坚持中国共产党领导地位不动摇，坚持人民民主专政的国体和人民代表大会制度的政体不动摇。

八、监督法为什么规定各级人大常委会行使监督权应坚持保障全面建设社会主义现代化国家、以中国式现代化全面推进中华民族伟大复兴的原则?

答：监督法第四条规定：“各级人民代表大会常务委员会行使监督职权，应当围绕党和国家工作大局，以经济建设为中心，坚持改革开放，贯彻新发展理念，推动高质量发展，保障全面建设社会主义现代化国家、以中国式现代化全面推进中华民族伟大复兴。”

这是因为：

第一，是全面落实宪法规定、确保宪法实施的要求。宪法序言规定，我国将长期处于社会主义初级阶段。国家的根本任务是，沿着中国特色社会主义道路，集中力量进行社会主义现代化建设。

第二，是扎实落实党中央有关会议精神的要求。党的二十大报告强调："从现在起，中国共产党的中心任务就是团结带领全国各族人民全面建成社会主义现代化强国、实现第二个百年奋斗目标，以中国式现代化全面推进中华民族伟大复兴。"修改后的监督法要求各级人大常委会行使监督职权应当坚持"保障全面建设社会主义现代化国家、以中国式现代化全面推进中华民族伟大复兴"这项原则，确保了党的主张通过法定程序成为国家意志，从法律制度上保证了党的方针政策和决策部署得到全面贯彻和有效实施。

九、监督法为什么规定各级人大常委会行使监督权应坚持维护国家法治统一、尊严、权威的原则？

答：监督法第五条规定："全国人民代表大会常务委员会监督宪法和法律的实施，地方各级人民代表大会及其常务委员会在本行政区域内保证宪法、法律、行政法规和上级人民代表大会及其常务委员会决议的遵守和执行，维护国家法治统一、尊严、权威。"

法治的统一，是维护国家统一、社会稳定、经济繁荣发展、人民安居乐业的重要保证。宪法规定，中华人民共和国实行依法治国，建设社会主义法治国家；国家维护社会主义法制的统一和尊严；一切法律、行政法规和地方性法规都不得同宪法相抵触；一切国家机关和武装力量、各政党和各社会团体、各企业事业组织都必须遵守宪法和法律。一切违反宪法和法律的行为，必须予以追究；任何组织或者个人都不得有超越宪法和法律的特权。

2023 年修正的立法法第五条规定："立法应当符合宪法的规定、原则和精神，依照法定的权限和程序，从国家整体利益出发，维护社会主义法制的统一、尊严、权威。”修改后的监督法规定的这一原则也与立法法相衔接，有利于通过各级人大常委会的监督工作，促进法律规范之间的统一协调。

十、监督法为什么规定各级人大常委会行使监督权应坚持正确监督、有效监督、依法监督的原则？

答：监督法第六条第一款规定：“各级人民代表大会常务委员会对本级人民政府、监察委员会、人民法院和人民检察院的工作实施监督，实行正确监督、有效监督、依法监督，促进依法行政、依法监察、公正司法。”正确监督，就是要坚持党的领导特别是党中央集中统一领导，把牢人大监督的定位方向，坚守人民立场，践行全过程人民民主，保证人民群众合法权益得到维护和实现。有效监督，就是要围绕中心、服务大局、突出重点，坚持问题导向、效果导向，增强监督工作的针对性和实效性。依法监督，就是要遵循法定权限、依照法定程序、履行法定职责，推动各国家机关在宪法法律范围内履职尽责、开展工作。正确监督、有效监督、依法监督，是人大监督的重大原则和实践要求，是相互贯通、有机统一的，要整体把握、全面落实，更好发挥人大监督在党和国家监督体系中的重要作用。

十一、监督法为什么规定各级人大常委会行使监督权应坚持和发展全过程人民民主的原则？

答：监督法第七条规定：“各级人民代表大会常务委员会行使监督职权，应当坚持和发展全过程人民民主，尊重和保障人权，维护和促进社会公平正义。”“各级人民代表大会常务委员会应当扩大人民代表大会代表对监督工作的参与，充分发挥代表作用。”

民主是全人类的共同价值，是中国共产党和中国人民始终不渝的追求。习近平总书记深刻把握民主政治发展规律，提出了全过程人民民主的重大理念。党的二十大报告将“发展全过程人民民主”纳入习近平新时代中国特色社会主义思想“十个明确”的重要内容，确定为中国式现代化的本质要求之一。

习近平总书记提出，人民代表大会制度是实现我国全过程人民民主的重要制度载体。此次修改监督法的宗旨之一就是“坚持好、完善好、运行好人民代表大会制度”。这一修改宗旨要求必须坚持和发展全过程人民民主，将发扬民主，坚持群众路线，贯穿于人大常委会监督工作的各方面、全过程，切实尊重和保障人权，维护和促进社会公平正义。

十二、监督法为什么规定各级人大常委会行使监督权应坚持民主集中制的原则？

答：民主集中制原则，就是我们经常讲的民主基础上的集中和集中指导下的民主相结合的制度。

宪法规定，中华人民共和国的国家机构实行民主集中制的原则。全国人大组织法规定，全国人大及其常委会实行民主集中制原则，充分发扬民主，集体行使职权。

人大常委会按照民主集中制的原则集体行使监督职权，是民主集中制原则在人大常委会监督工作中的具体体现。这是人大常委会一项根本工作制度，也是一种运行机制。这种制度和机制，对于保证人大常委会实行正确监督、有效监督、依法监督，保障人民当家作主，至关重要。坚持集体行使监督权，要始终坚持监督权属于人大常委会、坚持集体讨论问题、坚持少数服从多数。未经集体讨论，不能交付表决；未经多数赞成通过，不能作出决定，是人大及其常委会集体行使监督权的内在要求和重要特点。

十三、监督法为什么规定各级人大常委会行使监督权应坚持接受本级人民代表大会监督的原则？

答：监督法第九条规定："各级人民代表大会常务委员会行使监督职权的情况，应当向本级人民代表大会报告，接受监督。"

各级人民代表大会是权力机关，常委会是本级人大的常设机关。常委会由本级人民代表大会选举产生，向本级人民代表大会负责并报告工作。实践中，人大常委会通常是在每年召开人民代表大会会议上作常委会工作报告。工作报告中包括人大常委会行使监督权的情况，一般情况下不就人大常委会行使监督权的情况作单独的报告。人民代表大会会议审议常委会工作报告时提出意见，作出决议，做得好的，给予肯定；做得不好的，提出批评和改进建议，这是人大常委会向本级人大负责、接受监督最基本也是最主要的形式。

十四、监督法为什么规定各级人大常委会行使监督权应坚持向社会公开的原则？

答：监督法第十条规定："各级人民代表大会常务委员会行使监督职权的情况，向社会公开。"

第一，宪法规定，国家的一切权力属于人民。人民行使国家权力的机关是全国人民代表大会和地方各级人民代表大会。人民依照法律规定，通过各种途径和形式，管理国家事务，管理经济和文化事业，管理社会事务。监督法的这一规定是宪法规定的我国国体和政体的"人民性"所决定的，以便于人民了解情况和监督，是人民当家作主的重要体现。

第二，宪法规定，"中华人民共和国的国家机构实行民主集中制的原则""全国人民代表大会和地方各级人民代表大会都由民主选举产生，对人民负责，受人民监督"。监督法的这一规定是确保各级人民代表大会常务委员会监督工作始终做到“对人民负责，受人民监督”的重要措施。是民主集中制原则的具体体现。

第三，宪法规定，一切国家机关和国家工作人员必须依靠人民的支持，经常保持同人民的密切联系，倾听人民的意见和建议，接受人民的监督，努力为人民服务。监督法的这一规定，便于监督机关保持同人民的密切联系，倾听人民对人大常委会监督工作的意见和建议，切实做到“民有所呼，我有所应”。

第四，这是落实“正确监督、有效监督、依法监督”要求的重要举措。人大常委会监督“一府一委两院”，同时，人大常委会自身也要受监督。要更好发挥人大监督在党和国家监督体系中的重要作用，必须让人民监督权力，让权力在阳光下运行，用制度的笼子管住权力，用法治的缰绳驾驭权力。监督法的这一规定，一方面利于让人民监督，让权力在阳光下运行；另一方面对“一府一委两院”也是一种督促，有利于“一府一委两院”更加自觉地接受人大常委会的监督，认真改进工作，提高工作水平，取信于民。

为了确保监督法规定的各级人大常委会行使监督权应坚持向社会公开的原则得以有效落实，修改后的监督法作了一系列具体的、可操作性的规定。比如，监督法第十七条第三款规定：“常务委员会听取的专项工作报告及审议意见，人民政府、监察委员会、人民法院或者人民检察院对审议意见研究处理情况或者执行决议情况的报告，向本级人民代表大会代表通报并向社会公布。”第二十九条第三款规定：“常务委员会听取的本章[①]规定的有关报告及审议意见，人民政府对审议意见研究处理情况或者执行决议情况的报告，向本级人民代表大会代表通报并向社会公布。”第三十七条第三款规定：“常务委员会的执法检查报告及审议意见，人民政府、监察委员会、人民法院或者人民检察院对其研究处理情况或者执行决议情况的报告，向本级人民代表大会代表通报并向社会公

① “本章”指监督法第三章“财政经济工作监督”。

布。”第六十三条第一款、第二款规定：“各级人民代表大会常务委员会制定年度监督工作计划，加强工作统筹，综合运用听取和审议专项工作报告、执法检查、专题询问、专题调研等方式进行监督，增强监督工作的针对性、协调性、实效性。”“年度监督工作计划由委员长会议或者主任会议通过并向社会公布。”需要说明的是，上述提及的“公布”，形式较多，包括在人大常委会公报上刊登、在人大网站上公布、在报纸上登载等情形。

第二章

听取和审议专项工作报告

监督法第二章主要作了哪些修改?

常委会选择听取和审议专项工作报告的总体要求是什么?

监督法对听取和审议专项工作报告议题确定的途径是如何规定的?听取和审议专项工作报告启动方式有哪些?

十五、监督法第二章主要作了哪些修改？

答：第二章主要作了以下修改。

（一）章名作了修改。即将章名由“听取和审议人民政府、人民法院和人民检察院的专项工作报告”修改为“听取和审议专项工作报告”。这样使章名简明扼要。“专项工作报告”包括各级人民政府、监察委员会、人民法院、人民检察院等向本级人大常委会作的各类专项工作报告。

（二）年度监督工作计划的相关规定合并调整。根据多年来的实践做法，修改为：“各级人民代表大会常务委员会制定年度监督工作计划，加强工作统筹，综合运用听取和审议专项工作报告、执法检查、专题询问、专题调研等方式进行监督，增强监督工作的针对性、协调性、实效性。”“年度监督工作计划由委员长会议或者主任会议通过并向社会公布。”“年度监督工作计划可以根据实际需要作出适当调整。”

（三）增加了具体专项工作报告的规定：“常务委员会根据法律规定，听取和审议本级人民政府关于环境状况和环境保护目标完成情况的报告。”根据全国人大组织法第三条的规定，全国人民代表大会常务委员会“依照宪法和法律规定行使职权”，此处所讲的“法律”就包括了前面提及的环境保护法。就是说，修改后的监督法做到与有关法律相衔接、与实际工作相统一。

（四）增加了“有关专门委员会、有关工作机构”的工作职责。“常务委员会听取和审议专项工作报告前，本级人民代表大会有关专门委员会或者常务委员会有关工作机构可以进行专题调查研究，提出报告并印发常务委员会会议。”

（五）增加了可开展跟踪监督的规定。即“委员长会议或者主任会议可以决定将审议意见研究处理情况或者执行决议情况的报告提请常务委员会审议。必要时，常务委员会可以组织开展跟踪监督”。

十六、常委会选择听取和审议专项工作报告的总体要求是什么？

答：为确保“听取和审议专项工作报告”这种监督形式发挥应有的作用，监督法第十一条规定：“各级人民代表大会常务委员会每年选择若干关系改革发展稳定大局和群众切身利益、社会普遍关注的重大问题，有计划地安排听取和审议本级人民政府、监察委员会、人民法院和人民检察院的专项工作报告。”

第一，要求听取和审议专项工作报告的议题要突出重点，必须是“关系改革发展稳定大局和群众切身利益、社会普遍关注的重大问题”。这一要求体现了人大常委会开展监督工作的目的、功能和原则。

第二，要求听取和审议专项工作报告要“有计划地安排”。这是为增强监督工作的针对性、协调性、实效性而作出的一项规定。监督法第六十三条规定：“各级人民代表大会常务委员会制定年度监督工作计划，加强工作统筹，综合运用听取和审议专项工作报告、执法检查、专题询问、专题调研等方式进行监督，增强监督工作的针对性、协调性、实效性。年度监督工作计划由委员长会议或者主任会议通过并向社会公布。年度监督工作计划可以根据实际需要作出适当调整。”比如，2023 年 12 月 18 日十四届全国人大常委会第 16 次委员长会议原则通过、2024 年 4 月 16 日十四届全国人大常委会第 23 次委员长会议修改的《全国人大常委会 2024 年度监督工作计划》，就推动高质量发展、增进民生福祉、加强生态环境保护和加强对执法、监察、司法工作的监督等问题有明确的要求，并安排了具体听取和审议专项工作报告的会期和时间。

十七、监督法对听取和审议专项工作报告议题确定的途径是如何规定的？听取和审议专项工作报告启动方式有哪些？

答：（一）专项工作报告议题确定的途径。专项工作报告议题确定的途径分为两大类。

第一大类是，“根据有关法律的规定”确定。法律对具体的监督议题有规定的，人大常委会就应按照法律的规定进行监督。如根据环境保护法第二十七条规定：“县级以上人民政府应当每年向本级人民代表大会或者人民代表大会常务委员会报告环境状况和环境保护目标完成情况，对发生的重大环境事件应当及时向本级人民代表大会常务委员会报告，依法接受监督。”

第二大类是，监督法第十二条规定的“下列途径反映的问题”。即第十二条规定的六类问题。(1)“本级人民代表大会常务委员会在执法检查中发现的突出问题”。(2)“本级人民代表大会代表对人民政府、监察委员会、人民法院和人民检察院工作提出的建议、批评和意见集中反映的问题”。从人大代表的履职实践看，提出的建议、批评和意见很多都属于关系改革发展稳定大局和群众切身利益、社会普遍关注的重大问题，具有较强的针对性、实用性和重要的参考价值，是确定专项工作报告议题的重要来源。(3)“本级人民代表大会常务委员会组成人员提出的比较集中的问题”。专项工作报告是由常委会听取和审议的，所以议题的选定要充分听取常委会组成人员的意见建议。(4)“本级人民代表大会专门委员会、常务委员会工作机构在调查研究中发现的突出问题”。(5)“人民来信来访集中反映的问题”。根据宪法规定，公民享有提出批评和建议，申诉、控告或者检举的权利。(6)“社会普遍关注的其他问题”。人大常委会确定专项工作报告议题的途径不限于上述五个方面，其他渠道反映的“社会普遍关注的问题”，包括媒体反映、报道比较集中的问题等，都可以作为确定专项工作报告议题考虑的途径。

(二)听取和审议专项工作报告的启动。根据监督法第十二条规定，听取和审议“一府一委两院”的专项工作报告的启动方式有两种：一种是人大常委会根据有关法律规定的途径反映的问题，主动要求“一府一委两院”报告专项工作；另一种是“一府一委两院”主动要求向本级人大常委会报告专项工作。“一府一委两院”主动提出专项工作报告议题应当是“关系改革发展稳定大局和群众切身利益、社会普遍关注的重大问题”，具有“突出”“集中”“普遍”的特点，而不应是一般性的问题。

十八、听取和审议专项工作报告应遵循哪些基本程序？

答：根据监督法第二章规定，听取和审议专项工作报告应遵循以下基本程序。

（一）制定并公布听取和审议专项工作报告的年度计划。要“有计划地”安排听取和审议本级人民政府、监察委员会、人民法院和人民检察院的专项工作报告，以增强“监督工作的针对性、协调性、实效性”；年度监督工作计划由委员长会议或者主任会议通过并向社会公布。

（二）组织常委会组成人员和人大代表开展视察和调研。常务委员会听取和审议专项工作报告前，委员长会议或者主任会议可以组织本级人民代表大会常务委员会组成人员和本级人民代表大会代表，对有关工作进行视察或者专题调查研究。

（三）常委会办事机构汇总各方面的意见并提供专题材料。常务委员会听取和审议专项工作报告前，常务委员会办事机构应当将各方面对该项工作的意见汇总，交由本级人民政府、监察委员会、人民法院或者人民检察院研究并在专项工作报告中作出回应。人民政府、监察委员会、人民法院或者人民检察院应当在常务委员会举行会议的二十日前，由其办事机构将专项工作报告送交本级人民代表大会有关专门委员会或者常务委员会有关工作机构征求意见；人民政府、监察委员会、人民法院或者人民检察院对报告修改后，在常务委员会举行会议的十日前送交常务委员会。常务委员会办事机构应当在常务委员会举行会议的七日前，将专项工作报告发给常务委员会组成人员。

（四）常委会举行会议听取和审议专项工作报告。专项工作报告由人民政府、监察委员会、人民法院或者人民检察院的负责人向本级人民代表大会常务委员会报告，人民政府也可以委托有关部门负责人向本级人民代表大会常务委员会报告。委员长会议或者主任会议可以决定将报告交有关专门委员会审议。

（五）对常委会组成人员的审议意见进行研究处理。常务委员会组成人员对专项工作报告的审议意见交由本级人民政府、监察委员会、人民法院或者人民检察院研究处理。人民政府、监察委员会、人民法院或者人民检察院应当将研究处理情况由其办事机构送交本级人民代表大会有关专门委员会或者常务委员会有关工作机构征求意见后，向常务委员会提出书面报告。常务委员会认为必要时，可以对专项工作报告作出决议；本级人民政府、监察委员会、人民法院或者人民检察院应当在决议规定的期限内，将执行决议的情况向常务委员会报告。委员长会议或者主任会议可以决定将审议意见研究处理情况或者执行决议情况的报告提请常务委员会审议。必要时，常务委员会可以组织开展跟踪监督。

（六）公布专项工作报告、审议意见和研究处理情况。根据修改后的监督法规定，常务委员会听取的专项工作报告及审议意见，人民政府、监察委员会、人民法院或者人民检察院对审议意见研究处理情况或者执行决议情况的报告，向本级人民代表大会代表通报并向社会公布。

十九、监督法对专项工作报告议题的视察或者专题调研是如何规定的？

答：视察或者专题调查研究是指本级人大常委会组成人员和人大代表为全面真实地掌握人民政府、监察委员会、人民法院、人民检察院工作情况，做好相关监督工作，在委员长会议或者主任会议组织下进行实地查看、调查研究了解情况、听取意见的活动。监督法对专项工作报告议题的视察或者专题调研规定了以下内容。

1. 视察或者专题调查研究的时间。根据监督法规定，视察或者专题调查研究的时间为“常务委员会听取和审议专项工作报告前”。

2. 视察或者专题调查研究的组织主体。监督法规定，视察或者专题调查研究的组织主体是“委员长会议或者主任会议”。也就是说，是否组织如何组织、是视察还是专题调研由委员长会议或者主任会议根据专项工作报告议题所涉及的内容等情况决定。

3. 参加视察或者专题调研的主体。参加人员是本级人大常委会组成人员和人大代表。考虑到常委会组成人员和本级人大代表的数量比较多，特别是全国和省一级，不能全都参加视察或调研，可以邀请相关常委会组成人员和代表参加，如具有与专项工作报告议题相关的工作背景，或者是就议题提出了相关议案、建议，或者是一直关心、研究与议题有关的问题等。视察或调研的内容是与专题工作报告有关的工作情况，目的是直接服务于对专项工作的监督。

4. 参加视察或者专题调研的主体可以列席常委会会议听取专项工作报告，提出建议。需要说明的是，是否安排如何安排由常务委员会决定。

5. 专门委员会或常务委员会有关工作机构可以进行专题调研。常委会听取和审议专项工作报告前，本级人大有关专门委员会或者常务委员会有关工作机构可以进行专题调查研究，提出报告并印发常务委员会会议。

二十、各方面对拟报告的专项工作的意见是如何处理的？

答：第一，意见汇总。常务委员会听取和审议专项工作报告前，常委会办事机构应当将各方面对该项工作的意见汇总。汇总的时间是常委会听取和审议专项工作报告前；汇总的主体是“常委会办事机构”。常委会办事机构汇总各方面的意见要做到及时、准确、全面；汇总的内容是各方面对该项工作的意见。包括年度监督工作计划确定的议题向社会公布后，人民群众提出的意见；常委会组成人员和人大代表进行视察或调研时收集、了解的意见；有关机关、社会团体反映的意见；媒体反映的意见；等等。对于汇总完成的时间，监督法未作规定。总的来讲，要留出研究修改的时间，确保“一府一委两院”在常委会举行会议的二十日前，由其办事机构将专项工作报告送交本级人大有关专门委员会或者常务委员会有关工作机构征求意见；“一府一委两院”在常委会举行会议的十日前送交常委会。

第二，报告机关应当对送交的意见认真研究并作出回应。常委会办事机构将各方面的意见汇总后，“一府一委两院”在专项工作报告中要有相应的回应。对于能够解决的，应当尽快解决并明确说明；对于应该解决但一时难以落实解决的问题，应当如实说明情况，并积极研究进一步解决的方案；对于受客观条件限制，确实解决不了的，应当充分说明原因。对于要求纠正执法中的违法行为，或者是工作中的失误的意见，应当认真调查核实，实事求是地处理。对于确属违法或失误的，要严格依法处理，并作出说明。

二十一、专项工作报告征求意见、送交常委会时间和发给常委会组成人员时间是如何规定的?

答：对这一问题，监督法第十五条作出如下规定。

一是征求意见的时间规定。“一府一委两院”应当在常委会举行会议的二十日前，由其办事机构将专项工作报告送交本级人大有关专门委员会或者常务委员会有关工作机构征求意见。送交主体是“一府一委两院”的办事机构；送交对象（向何机构送交）为本级人大有关专门委员会或者常务委员会有关工作机构；送交时间是在常委会举行会议的二十日前；送交目的是征求意见。

二是送交常委会的时间规定。“一府一委两院”对报告修改后，在常委会举行会议的十日前送交常委会。

三是发给常委会组成人员的时间规定。常委会办事机构应当在常委会举行会议的七日前，将专项工作报告发给常委会组成人员。

二十二、监督法对专项工作报告人有何要求?

答: 监督法对专项工作报告人规定得比较灵活。一般情况下，应由“一府一委两院”的负责人作专项工作报告，包括政府的正副领导人员和监察委员会的正副主任、人民法院的正副院长、人民检察院的正副检察长。同时规定，政府负责人因种种原因不能到会作专项工作报告的，可以委托政府有关部门的负责人作报告。由于政府各工作部门是对本级政府负责，不直接对人大常委会负责，因此，部门负责人在人大常委会会议上所作的专项工作报告，应由本级政府负责人委托。

二十三、监督法对专项工作报告经审议后如何处理是怎么规定的?

答: 监督法对专项工作报告经审议后的处理有以下规定。

(一) 必要时可以对报告作出决议。常委会听取和审议专项工作报告，一般不作决议，只在少数情况下才作出决议。因此，监督法第十七条规定，常务委员会认为必要时，可以对专项工作报告作出决议；本级人民政府、监察委员会、人民法院或者人民检察院应当在规定的期限内，将执行决议的情况向常务委员会报告。对何为“必要时”，由常委会根据具体情况作出判断。“考虑是否有必要就专项工作报告作出决议：一是对报告的专项工作是否需要继续加大监督力度，如报告机关对审议意见不予重视，未进行相应的研究处理，常委会组成人员对此不满等；二是报告的事项特别重要，需要由常委会形成决议，表示明确意见，支持报告机关开展工作。”①

(二) 汇总整理审议意见交由报告机关处理，报告机关应将处理情况向常委会提出书面报告。这是大部分审议意见的处理情况。常务委员

---

① 参见乔晓阳主编:《〈中华人民共和国各级人民代表大会常务委员会监督法〉学习问答》，中国民主法制出版社 2006 年版，第 58—59 页。

会组成人员对专项工作报告的审议目的是监督，要促使“一府一委两院”切实做到“依法行政、依法监察、公正司法”。所以，为了确保发挥好听取和审议专项工作报告的作用，监督法明确要求，要将常委会组成人员对专项工作报告的审议意见交由本级“一府一委两院”研究处理。“一府一委两院”应当及时认真研究审议意见，根据审议意见，提出进行整改、落实整改、改进相关工作的意见，提出相应工作意见过程中应当将研究处理情况，由其办事机构送交本级人民代表大会有关专门委员会或者常委会有关工作机构征求意见，根据征求的意见进行修改后，向常委会提出书面报告。对于处理情况的书面报告要印发常委会组成人员，直接向常委会组成人员反馈。这种研究处理的过程，是一种相互沟通的过程，便于报告机关吸收审议意见，改进相应的工作。

（三）可以将报告机关的研究处理情况或者执行决议情况的报告提请常委会审议，必要时组织跟踪监督。监督法规定，委员长会议或者主任会议可以决定将审议意见研究处理情况或者执行决议情况的报告提请常务委员会审议。必要时，常务委员会可以组织开展跟踪监督。“可以决定”提请审议和“必要时”组织跟踪监督，表明有灵活处理的余地，应根据情况而定，注重监督实效。

（四）听取和审议专项工作报告的情况向代表通报和向社会公布。监督法规定，“常务委员会听取的专项工作报告及审议意见，人民政府、监察委员会、人民法院或者人民检察院对审议意见研究处理情况或者执行决议情况的报告，向本级人民代表大会代表通报并向社会公布”。对此需要说明的是：一是，将常委会听取和审议专项工作报告的情况向代表通报，是落实法律规定的人大常委会要接受大会监督的一种体现，也是让代表了解参与常委会监督工作的具体形式。向代表通报的内容应包括专项工作报告的内容、常委会组成人员的审议意见、常委会组成人员审议意见处理情况或者执行专项工作报告决议情况的报告。通报的形式可以是书面的也可以是口头的。二是，“各级人民代表大会常务委员会行使监督职权的情况，向社会公开”是监督法总则第十条规定的一项原则，听取和审议专项工作报告的情况向代表通报和向社会公布是落实公开原则的具体体现。人大常委会行使监督职权的情况向社会公开，包括会议公开举行、监督结果公布等。向社会公布就是要求常委会通过一定的形式如通过人大常委会公报、报刊、网络等形式向社会主动公布，通过公布主动接受社会的监督。

第三章

财政经济工作监督

各级人大常委会开展的财政经济工作监督，具体包括对哪些事项进行监督？

国务院和县级以上地方各级人民政府应当在什么时间将上一年度的决算草案提请人大常委会审批？

对决算草案的编制有哪些具体要求？

二十四、各级人大常委会开展的财政经济工作监督，具体包括对哪些事项进行监督？

答：根据监督法第十八条的规定，财政经济工作监督是指各级人大常委会依法对下列事项进行监督：一是审查和批准本级决算；二是国民经济和社会发展五年规划纲要实施情况，国民经济和社会发展计划执行情况；三是预算执行情况；四是审查和批准国民经济和社会发展五年规划纲要、计划的调整方案；五是审查和批准预算调整方案；六是国有资产管理情况；七是政府债务管理情况；八是金融工作情况；九是预算执行和其他财政收支的审计工作情况、审计查出问题整改情况；十是财政经济领域其他重要事项。

二十五、国务院和县级以上地方各级人民政府应当在什么时间将上一年度的决算草案提请人大常委会审批？

答：决算是对财政预算实绩，也就是一个财政年度的岁入岁出所进行的确定性计算。根据宪法规定，全国人大和地方各级人大审查和批准预算和预算执行情况的报告。

监督法第十九条第一款、第二款对决算草案提请人大常委会审查批准的时间作了规定：一是国务院应当在每年六月，将上一年度的中央决算草案提请全国人民代表大会常务委员会审查和批准。县级以上地方各级人民政府应当在每年六月至九月期间，将上一年度的本级决算草案提请本级人民代表大会常务委员会审查和批准。现在，随着现代技术的运用，已经有条件较快完成决算编制，实践中应当尽可能早地将决算草案提请人大常委会审查批准。

二十六、对决算草案的编制有哪些具体要求？

答：国务院和县级以上地方各级人民政府在编制决算草案时，应当根据监督法第十九条第三款的规定，按照本级人民代表大会批准的预算所列科目编制，按预算数、调整预算数以及决算数分别列出，并作出说明，以便本级人大常委会依法审查和批准。

决算草案内容包括一般预算收支、基金预算收支、上年补助收入、调入资金、上年结余收入、下级上解收入、补助下级支出、上解上级支出及财政主要工作完成情况。编制决算草案的总的要求，就是符合法律、行政法规，做到收支数额准确、内容完整、报送及时。同时，要落实健全预算制度相关要求，加强财政资源和预算统筹，持续推进把依托行政权力、政府信用、国有资源资产获取的收入全部纳入政府预算管理，在决算中完整反映政府预算收支情况。

二十七、人大常委会为什么要对国民经济和社会发展计划、预算执行情况进行监督？

答：国民经济和社会发展计划是指国家对一定时期内国民经济的主要活动、科学技术、教育事业和社会发展所作的规划和安排。国民经济和社会发展计划是指导经济和社会发展的纲领性文件。计划又分为长期计划（十至二十年）、中期计划（一般为五年）、年度计划三种。计划、预算既是宏观调控的重要手段，又是关系国计民生和群众切身利益的重大事项，是经济、社会运行以及政府活动的重要依据，事关全局。人大常委会监督政府工作，一个重要方面就是对计划和预算执行情况的监督。宪法明确规定，计划和预算及其执行情况的报告，由人大审查和批准。同时，考虑到计划和预算毕竟是对未来一定时期内的一种工作安排，在实际执行中难免出现客观形势发生变化需要适当调整的情况，而人大会议一年只召开一次，召开临时会议对计划和预算的执行情况以及部分调整进行审查和批准，也是不现实的。所以宪法、地方组织法、预算法规定，人大常委会审查和批准计划和预算的部分调整，审查和批准本级决算等。因此，对计划和预算执行情况进行监督，是宪法和法律赋予人大常委会的一项重要职权，是人大常委会监督工作的重要组成部分。同时，考虑到人大常委会对计划和预算执行情况的监督职权方面，宪法和有关法律已经作了明确规定，但有关如何开展计划和预算执行情况监督工作的程序，还需要统一规范，所以，监督法在总结实践经验的基础上，对人大常委会监督计划和预算等，在“财政经济工作监督”专章中作出较为具体的规定。

二十八、监督法对国务院和县级以上地方各级人民政府向本级人大常委会报告计划和预算执行情况有何要求?

答：根据宪法和有关法律的规定，国务院和县级以上地方各级政府负责执行计划和预算。为了加强计划和预算执行情况的监督，《全国人民代表大会常务委员会关于加强经济工作监督的决定》中规定，全国人大常委会应当加强对全国人民代表大会批准的国民经济和社会发展年度计划执行的监督，应当在每年八月听取和审议国务院关于本年度上一阶段国民经济和社会发展计划执行情况的报告。预算法第八十六条也规定，国务院和县级以上地方各级政府应当在每年六月至九月期间向本级人大常委会报告预算执行情况。

为了加强全国人大常委会和县级以上地方各级人大常委会对计划和预算执行情况的监督，促进国民经济持续、健康发展，依据宪法和有关法律规定，总结多年来的实践经验，监督法第二十条规定：“国务院和县级以上地方各级人民政府应当在每年六月至九月期间，向本级人民代表大会常务委员会报告本年度上一阶段国民经济和社会发展计划、预算的执行情况。”关于报告的时间，要求在“每年六月至九月期间”。通常是在政府向本级人大常委会提出上一年度决算草案以及决算报告时，一并提出本年度上一阶段预算执行情况的报告。比如，2024 年 9 月 10 日，国务院向十四届全国人大常委会第十一次会议作了“关于今年以来国民经济和社会发展计划执行情况的报告”“关于今年以来预算执行情况的报告”。报告的内容是“本年度上一阶段国民经济和社会发展计划、预算的执行情况”，具体又包括国民经济和社会发展计划执行情况和预算执行情况。

二十九、常委会对决算草案和预算执行情况报告的重点审查内容有哪些?

答：预算是国家管理社会经济事务、实施宏观调控的主要手段之一，在国家的政治经济生活中具有十分重要的地位和作用。预算经过本级人大依照法定程序批准以后，应当严格执行。为了监督预算的执行，预算年度终了要进行决算，审查预算编制是否有不足之处，政府是否违反了预算规定，以便在审批下一年度预算时予以防止或者纠正。由于预算具有专业性、复杂性、客观性等特点，为了深化对决算草案和预算执行情况报告的审查，履行好宪法、法律赋予的职责，审查采取全面审查与重点审查相结合的办法，即在全面审查决算草案和预算执行情况的同时，对预算有重要影响的内容作重点审查。监督法对决算草案和预算执行情况报告的重点审查内容作了规定。根据监督法第二十一条的规定，常委会根据《中华人民共和国预算法》和全国人大常委会的有关决定，确定对决算草案和预算执行情况报告的重点审查内容。

第一，决算草案的审查重点。根据预算法第七十九条规定，县级以上各级人民代表大会常务委员会对本级决算草案，重点审查下列内容：一是预算收入情况；二是支出政策实施情况和重点支出、重大投资项目资金的使用及绩效情况；三是结转资金的使用情况；四是资金结余情况；五是本级预算调整及执行情况；六是财政转移支付安排执行情况；七是经批准举借债务的规模、结构、使用、偿还等情况；八是本级预算周转金规模和使用情况；九是本级预备费使用情况；十是超收收入安排情况，预算稳定调节基金的规模和使用情况；十一是本级人民代表大会批准的预算决议落实情况。此外，还重点审查其他与决算有关的重要情况。

第二，预算执行情况的审查重点。根据《全国人民代表大会常务委员会关于加强中央预算审查监督的决定》，对预算执行情况报告的重点审查内容包括以下几个方面。一是审查监督一般公共预算支出总量和结构的重点包括：支出总量和结构贯彻落实国家方针政策和决策部署的情况；支出总量及其增减的情况，财政赤字规模及其占年度预计国内生产总值比重的情况；调整优化支出结构，严格控制一般性支出，提高财政资金配置效率和使用绩效等情况。二是审查监督重点支出与重大投资项目的重点包括：重点支出预算和支出政策相衔接的情况；重点支出规模变化和结构优化的情况；重点支出决策论证、政策目标和绩效的情况。重大投资项目与国民经济和社会发展规划相衔接的情况；重大投资项目决策论证、投资安排和实施效果的情况。三是审查监督部门预算的重点包括：部门各项收支全部纳入预算的情况；部门预算与支出政策、部门职责衔接匹配的情况；项目库建设情况；部门重点项目预算安排和绩效的情况；新增资产配置情况；结转资金使用情况；审计查出问题整改落实等情况。四是审查监督中央对地方转移支付的重点包括：各类转移支付保障中央财政承担的财政事权和支出责任的情况；促进地区间财力均衡及增强基层公共服务保障能力的情况；健全规范转移支付制度、优化转移支付结构的情况；专项转移支付定期评估和退出的情况；转移支付预算下达和使用的情况；转移支付绩效的情况。五是审查监督一般公共预算收入的重点包括：预算收入安排与经济社会发展目标、国家宏观调控总体要求相适应的情况；各项税收收入与对应税基相协调的情况；预算收入依法依规征收、真实完整的情况；预算收入结构优化、质量提高的情况；依法规范非税收入管理等情况。

此外，还应当围绕政府债务、政府性基金、国有资本经营以及社会保险基金中的审查监督重点加强审查监督。

三十、计划和预算部分调整应当遵守哪些程序?

答: 计划和预算一经人大审查批准后，就具有约束力，政府应当严格执行。但是，无论是计划还是预算，都是对未来一定时期内相关工作的一种安排和部署，在执行过程中难免出现客观形势发生变化，导致计划或者预算难以继续执行或者继续执行会造成严重后果的情况。在这种情况下，如果不经审查批准就可变更，将使经人大审查批准的计划和预算失去严肃性；如果还要经过人大审查批准，就要召开临时会议，十分不便。为此，宪法、地方组织法、监督法都规定，国民经济和社会发展计划、预算经人民代表大会批准后，在执行过程中需要作部分调整的，国务院和县级以上地方各级人民政府应当将调整方案提请本级人民代表大会常务委员会审查和批准。

三十一、国民经济和社会发展五年规划纲要的中期评估及调整为什么要向本级人大常委会报告?

答: 国民经济和社会发展五年规划纲要，是指对今后五年国民经济和社会发展的指导原则和发展目标，包括经济增长、资源环境、社会发展、改革开放、人民生活和民主法制等方面作出全面部署的中期计划。五年规划介于年度计划与十年规划之间，具有承前启后的战略意义，是编制年度计划的重要依据。国民经济和社会发展五年规划纲要，由国务院和县级以上地方各级人民政府提请全国人大和县级以上地方各级人大审查和批准。经人大批准后，规划纲要确定的约束性指标，具有法律效力应当认真执行。

由于五年规划纲要的时间跨度较大，实施期间可能会出现一些在规划编制、审查、批准时无法预测的情况，影响规划确定目标的实现。为了维护规划确定的约束性指标的严肃性、权威性，需要对规划纲要的调整提供法律依据和相应的规范程序。因此，监督法第二十三条规定，国民经济和社会发展五年规划纲要经人民代表大会批准后，在实施的中期阶段，人民政府应当将规划纲要实施情况的中期评估报告提请本级人民代表大会常务委员会审议。规划纲要经中期评估需要调整的，人民政府应当将调整方案提请本级人民代表大会常务委员会审查和批准。人民代表大会通过的五年规划纲要，通常也会就此提出相关的要求，比如2016年3月16日十二届全国人大四次会议批准的《中华人民共和国国民经济和社会发展第十三个五年规划纲要》中提出："各地区、各部门要加强对本规划实施的组织、协调和督导。开展规划实施情况动态监测和评估工作，把监测评估结果作为改进政府工作和绩效考核的重要依据，并依法向全国人民代表大会常务委员会报告规划实施情况，自觉接受人大监督。""需要对本规划进行调整时，由国务院提出调整方案，报全国人民代表大会常务委员会批准。"

三十二、人大常委会如何对国有资产管理进行监督？国有资产管理情况报告制度包括哪些内容？

答：为贯彻落实党中央关于建立国务院向全国人大常委会报告国有资产管理情况制度的决策部署，加强人大国有资产监督职能，促进国有资产治理体系和治理能力现代化，更好地发挥国有资产在服务经济社会发展、保障和改善民生、保护生态环境、保障国家机关和事业单位节约高效履职等方面的作用，2020年12月26日，十三届全国人大常委会第二十四次会议通过了《全国人民代表大会常务委员会关于加强国有资产管理情况监督的决定》，对国有资产管理情况监督制度作了较为全面的规定。根据该决定，全国人大常委会以每年听取和审议国务院关于国有资产管理情况的报告作为履行人大国有资产监督职责的基本方式，并综合运用执法检查、询问、质询、特定问题调查等法定监督方式。全国人大常委会通过制定国有资产监督工作五年规划对届内国有资产监督工作作出统筹安排，通过制定年度监督工作计划具体实施。2024年修改后的监督法，总结国有资产监督管理情况报告工作实践，在第二十四条中规定，常务委员会应当对国有资产管理情况进行监督，建立健全国有资产管理情况报告制度。国务院和县级以上地方各级人民政府应当每年向本级人民代表大会常务委员会报告国有资产管理情况。

三十三、人大常委会如何对政府债务管理情况进行监督？政府债务管理情况报告制度包括哪些内容？

答：《全国人民代表大会常务委员会关于加强中央预算审查监督的决定》中提出，要加强政府债务审查监督。近年来，政府债务管理情况报告制度逐步完善，报告制度涉及的相关工作也逐步规范。为进一步加强人大常委会对政府债务管理情况的监督，在总结实践经验的基础上，2024 年修改后的监督法第二十五条规定，常务委员会应当对政府债务进行监督，建立健全政府债务管理情况报告制度。国务院和县级以上地方各级人民政府应当每年向本级人民代表大会常务委员会报告政府债务管理情况。

在监督法正式确立政府债务管理情况报告制度前，已有相关的报告工作实践。2024 年 9 月 10 日，国务院向十四届全国人大常委会第十一次会议作了 2023 年度政府债务管理情况的报告。这是全国人大常委会首次听取和审议国务院关于政府债务管理情况的报告。报告中对国债情况、地方政府法定债务情况、政府债务风险水平作了介绍，并报告了强化政府债务管理、防范化解地方政府债务风险的各项任务落实情况。

三十四、人大常委会如何对金融工作进行监督？金融工作情况报告制度包括哪些内容？

答：金融是国民经济的血脉，是国家核心竞争力的重要组成部分，关系中国式现代化建设全局。党中央高度重视金融事业发展。全国人大常委会高度重视、大力支持金融工作，通过立法修法、重点督办建议、听取审议报告、开展专题调研等方式，积极推动我国金融改革发展。2022年以来，国务院连续三年向全国人大常委会作了关于金融工作情况的报告，主要内容包括以下几个方面。一是金融工作的主要进展及成效，包括货币政策执行情况、金融业运行和监管工作情况、金融支持实体经济情况、金融改革和对外开放情况、防范化解金融风险隐患情况、坚持党中央对金融工作的集中统一领导等有关情况。二是下一步工作考虑。提出要加大货币政策逆周期调节力度，为经济稳定增长和高质量发展营造良好的货币金融环境；全面加强金融监管，切实提高监管有效性；持续提升金融服务质效，加大金融支持经济高质量发展的力度；不断深化金融改革开放，加快构建中国特色现代金融体系；积极稳妥防范化解金融风险，全力维护金融体系整体稳定。从连续三年情况来看，建立健全并实施好金融工作情况报告制度，是加强人大常委会对金融工作监督的重要抓手，有利于促进金融事业健康稳定发展。在总结实践经验基础上，2024年修改后的监督法在第二十六条中增加规定："常务委员会应当对金融工作进行监督，建立健全金融工作情况报告制度。国务院应当每年向全国人民代表大会常务委员会报告金融工作有关情况。"

三十五、人大常委会在审查和批准决算时为什么要听取和审议本级政府提出的审计机关的审计工作报告？

答：根据宪法和审计法的规定，国家实行审计监督制度。根据审计法的规定，国务院和县级以上地方人民政府设立审计机关。审计机关依照法律规定的职权和程序，进行审计监督，依据有关财政收支、财务收支的法律、法规和国家其他有关规定进行审计评价，在法定职权范围内作出审计决定。审计机关依照法律规定独立行使审计监督权，不受其他行政机关、社会团体和个人的干涉。与此同时，审计机关应当按照真实、合法和效益的要求，对中央预算执行和其他财政收支情况以及决算草案进行审计监督，为全国人民代表大会常务委员会开展预算执行、决算审查监督提供支持服务。因此，监督法第二十七条第一款规定："常务委员会每年审查和批准决算的同时，听取和审议本级人民政府提出的审计机关关于上一年度预算执行和其他财政收支的审计工作报告。"

为体现审计监督的刚性，2024 年修改后的监督法第二十七条第二款对相关制度作了进一步完善，即"常务委员会在听取和审议审计工作报告后的六个月内，听取和审议本级人民政府关于审计查出问题整改情况的报告。常务委员会认为必要时，可以对审计工作报告、审计查出问题整改情况报告作出决议"。这有利于维护审计工作的权威性和严肃性，保证经本级人大批准的预算得到严格执行。

三十六、人大常委会在财政经济工作监督中，如何组织专题调查研究？专题调查研究报告如何发挥作用？

答：专题调查研究是全面深入了解有关工作，精准实效开展监督的重要途径。《全国人民代表大会常务委员会关于加强国有资产管理情况监督的决定》提出，全国人大常委会围绕年度国有资产管理情况报告议题组织开展专题调查研究，可以邀请全国人大代表参与。专题调研情况向全国人大常委会报告。从各级人大开展财政经济工作监督的实际情况看，专题调查研究的广泛运用，对于促进监督工作发挥了积极作用。在总结实践经验的基础上，2024 年修改后的监督法第二十八条规定："常务委员会开展财政经济工作监督，可以组织开展专题调查研究，提出报告。专题调查研究报告印发常务委员会会议；必要时，委员长会议或者主任会议可以决定将有关专题调查研究报告提请常务委员会审议。"

三十七、人大常委会开展财政经济工作监督的结果如何运用？有哪些相应的工作保障机制？

答：人大常委会在开展财政经济监督工作中听取和审议国民经济和

社会发展计划和预算执行情况报告、国民经济和社会发展五年规划纲要中期评估报告、国有资产管理情况报告、政府债务管理情况报告、金融工作情况报告、审计机关关于上一年度预算执行和其他财政收支的审计工作报告等报告，是开展监督的重要形式和手段。人大常委会全体会议听取相关报告后，通常采取分组形式进行审议，必要时也可以采取联组形式进行审议。人大常委会审议相关报告时，有关部门和工作机构应当派熟悉情况的相关负责人员到会，听取意见，并根据需要说明情况或者回答询问。根据监督法第二十九条第一款的规定："常务委员会组成人员对本章规定的有关报告的审议意见交由本级人民政府研究处理。人民政府应当将研究处理情况由其办事机构送交本级人民代表大会有关专门委员会或者常务委员会有关工作机构征求意见后，向常务委员会提出书面报告。常务委员会认为必要时，可以对有关报告作出决议；本级人民政府应当在决议规定的期限内，将执行决议的情况向常务委员会报告。"2024年监督法修改，还进一步增加规定，委员长会议或者主任会议可以决定将审议意见研究处理情况或者执行决议情况的报告提请常务委员会审议。必要时，人大常委会可以组织开展跟踪监督。此外，常务委员会听取的有关报告及审议意见，人民政府对审议意见研究处理情况或者执行决议情况的报告，向本级人民代表大会代表通报并向社会公布。通过以上转交处理、执行反馈、跟踪监督、通报和公布等机制的有效实施，能充分保障财政经济工作监督发挥应有的作用。

三十八、人大常委会如何运用现代信息技术开展联网监督，提高财政经济工作监督效能？

答：互联网、大数据、云计算、人工智能等为代表的现代信息技术，为人大常委会开展监督创造了有利的技术条件。《全国人民代表大会常务委员会关于加强经济工作监督的决定》提出，全国人大常委会、财政经济委员会和有关专门委员会可以运用审计监督、财会监督和统计监督成果，聘请研究机构和专家学者，委托第三方评估，利用大数据技术等，提高经济工作监督效能。《全国人民代表大会常务委员会关于加强中央预算审查监督的决定》提出，全国人大常委会利用现代信息技术开展预算联网监督，提高预算审查监督效能，实现预算审查监督的网络化、智能化。对预算联网监督发现的问题，适时向国务院有关部门通报，有关部门应当核实处理并反馈处理情况。《全国人民代表大会常务委员会关于加强国有资产管理情况监督的决定》提出，国务院有关部门应当建立全口径国有资产信息共享平台，实现相关部门、单位互联互通，并通过人大预算与国资联网监督系统定期向预算工作委员会报送相关国有资产数据和信息。根据监督工作需要，及时提供联网数据信息之外的其他国有资产管理等信息资料。近年来，联网监督的有关实践取得了良好效果，2024 年修改后的监督法总结实践经验，明确了联网监督的法律地位，即增加第三十条规定常委会运用现代信息技术开展联网监督，建立健全信息共享和工作贯通协调机制，提高财政经济工作监督效能。

第四章

法律法规实施情况的检查

什么是执法检查？执法检查制度在实际中发挥了什么作用？

人大常委会的执法检查与政府系统的执法检查有哪些区别？

具体组织实施执法检查工作的主体有哪些？

三十九、什么是执法检查？执法检查制度在实际中发挥了什么作用？

答：依据宪法和法律的规定，人大常委会负有保证宪法和法律的遵守和执行的职责。法律、法规实施情况的检查，即通常所说的执法检查，是各级人大常委会将工作监督和法律监督结合起来的一种行之有效的监督形式。通过执法检查，既能发现人民政府、监察委员会、人民法院和人民检察院在执法中存在的问题，可以促进依法行政、依法监察、公正司法，又能发现法律、法规自身存在的不足，有利于修改完善有关法律、法规。

监督法总结执法检查实践经验，结合执法检查工作实际需要，对执法检查的内容、主体、组织工作、委托检查、执法检查报告及审议意见的落实等作出了规定，为保障执法检查的监督实效，促进依法行政、依法监察和公正司法，发挥了积极作用。

执法检查作为人大常委会开展监督工作的行之有效的基本形式，主要功能在于：一是有利于保证宪法和法律、法规的实施，维护法律、法规的权威；二是促进行政机关依法行政和司法机关公正司法；三是促进关系广大人民群众切身利益的热点问题和倾向性问题的逐步解决，维护人民群众的根本利益；四是有利于开展生动实际的法治宣传教育，使执法检查的过程同时成为对法律的宣传普及过程，促进形成良好的执法环境；五是有利于发现现行法律、法规本身的缺陷和不足，提出修改和完善有关法律、法规的建议和意见，促进立法水平和质量的提高。

四十、人大常委会的执法检查与政府系统的执法检查有哪些区别？

答：执法检查是国家权力机关行使监督职权的一种方式，同时各级政府也开展执法检查。根据地方组织法的规定，地方各级人民政府既要对本级人民代表大会负责并报告工作，又要对上一级国家行政机关负责并报告工作。同时，全国各级人民政府都是国务院统一领导下的国家行政机关。县级以上的地方各级人民政府有权改变或者撤销所属各工作部门和下级人民政府的不适当决定。因此，政府的执法检查，从其性质上看，是上级行政机关对下级行政机关的层级监督，是对下级行政机关具体行政行为的监督。

人大常委会的执法检查是一种国家权力机关的监督。我国宪法规定，全国人大是最高国家权力机关，它的常设机关是全国人大常委会。地方各级人大及其常委会，是地方国家权力机关。国家权力机关讨论决定重大事项、制定法律、法规，但它并不直接去执行，而是由行政机关、监察机关、审判机关、检察机关去执行，在执行过程中受国家权力机关的监督。人大的执法检查是国家权力机关的一种监督行为。作为国家权力机关的监督，执法检查不直接处理具体问题和案件。对执法检查中发现的具体问题和案件要向人大常委会报告，由人大常委会会议审议并提出意见，交由法律实施机关处理。

四十一、具体组织实施执法检查工作的主体有哪些?

答：修改后的监督法第三十一条规定，各级人大常委会有计划地对有关法律、法规或者相关法律制度实施情况组织执法检查。根据这一规定，执法检查的主体是各级人大常委会。专门委员会没有独立的监督职权，是协助人大及其常委会开展监督工作。

专门委员会虽然不是执法检查主体，但作为具体组织实施机构，在执法检查中具有重要作用。根据监督法第三十二条第一款的规定，有关专门委员会或者常委会有关工作机构具体组织实施。全国人大常委会的执法检查，主要由有关专门委员会组织，常委会办公厅负责联系和协调。具体哪一个专门委员会负责哪一部法律执法检查的组织工作，通常在每年制定的执法检查计划中应予以明确。此外，执法检查前的准备工作非常重要。修改后的监督法专门增加了第三十二条第二款规定，即执法检查前，本级人民代表大会有关专门委员会或者常务委员会有关工作机构可以对重点问题开展专题调查研究。

四十二、人大常委会通过何种途径确定执法检查的议题？

答：随着法律体系不断健全完善，法律数量不断增加，人大常委会每年对国家所颁布实施的各种法律都进行一次检查显然是不可能的，只能按照突出重点、增强实效的原则，有针对性地开展执法检查。监督法第三十一条规定，各级人大常委会参照本法第十二条规定的途径，每年选择若干关系改革发展稳定大局和群众切身利益、社会普遍关注的重大问题，有计划地对有关法律、法规或者相关法律制度实施情况组织执法检查。关键在于，人大工作要紧紧围绕党和国家工作大局、紧紧围绕改革发展稳定中的热点难点问题、紧紧围绕关系人民群众切身利益的问题，集中力量、突出重点、抓住关键，取得党和人民满意的效果。

关于执法检查议题的确定途径，监督法规定参照关于专项工作报告议题的确定途径，主要包括以下几个方面：一是本级人大常委会在执法检查中发现的突出问题；二是本级人大代表对人民政府、监察委员会、人民法院和人民检察院工作提出的建议、批评和意见集中反映的问题；三是本级人大常委会组成人员提出的比较集中的问题；四是本级人大专门委员会、常委会工作机构在调查研究中发现的突出问题；五是人民来信来访集中反映的问题；六是社会普遍关注的其他问题。

四十三、如何制定执法检查方案？

答：执法检查方案，是指相关专门委员会或者工作机构根据监督工作计划，就其负责组织实施的有关法律、法规的执法检查确定具体的工作方案。执法检查方案应当包括检查的重点内容、检查组组成和分组情况、检查的时间和地点、检查的步骤和方式等内容。为使执法检查方案更加切合实际，相关专门委员会或者工作机构根据工作需要，可以进行前期调研。常委会办事机构应当与各专门委员会或者工作机构加强沟通，对各专门委员会或者工作机构报送的执法检查方案进行统筹协调，尽量避免各执法检查组赴地方的时间过于集中、地点过于重复。

四十四、执法检查有哪些工作步骤和主要的工作方式？

答：根据全国人大常委会的做法，执法检查组在正式开展执法检查前，由组长召开一次全体会议，听取有关主管机关法律实施情况的汇报，研究部署执法检查工作。执法检查组在地方可以通过听取汇报、召开座谈会、个别走访、抽样调查、实地考察等多种形式，了解和掌握法律实施的真实情况，研究法律实施中存在的问题。执法检查组在地方的执法检查结束时，视工作需要，可以向省、自治区、直辖市人大常委会和法律实施的相关部门反馈了解的情况，但不宜提出结论性的意见。执法检查中发现的具体案件和收到的群众来信，执法检查组应转交常委会办公厅，由办公厅统一转交有关部门依法处理。执法检查组不直接处理执法检查中发现的具体案件和收到的群众来信。赴地方进行执法检查工作结束后，执法检查组应当再次召开执法检查组全体会议，听取各执法检查小组的汇报，研究向常委会汇报的执法检查报告稿，并就执法检查中发现的问题与有关主管机关交换意见。

执法检查组应当深入基层、深入群众、深入实际，采取灵活多样的方式，了解真实情况。例如，可以采取随机抽样法，即对有关法律的实施情况，在没有事先通知、被检查单位没有预作安排的情况下，执法检查组深入有关被检查单位，直接了解执法的具体情况。这种做法容易发现真实的情况，掌握翔实的资料，为实施法律监督提供可靠的依据。再如，可以在执法检查中重点选择一个或几个单位进行深入、细致的检查了解。从对解剖“麻雀”之后发现的具体问题、违法事件，进行认真的分析，并由此及彼，进行综合提炼，找出带有共性的东西，对该法律在整个面上的执行情况作出合乎客观实际、合乎逻辑的分析和评价。此外，还可以采取发放调查问卷的办法，获得有关情况与数据。比如，2023 年开展的安全生产法执法检查，委托应急管理部信息研究院、应急管理报社，分别面向执法人员、从业人员、社会公众开展问卷调查，共收回 28081 份有效样本，形成调查问卷分析报告，为客观评价法律实施效果、全面了解法律实施情况提供有力支持。在执法检查过程中，还可以充分利用新闻媒体进行宣传。比如，邀请电视台、广播、报刊记者参加有关活动并进行报道，通过媒体告知公民检查谁、检查什么等，在报刊上刊登有关法律及相关法律条文，鼓励广大人民群众来信、来电反映情况，提出意见和建议。实践证明，执法检查过程的公开，对于执法机关及时纠正违法行为、弥补工作的不到位等，具有积极的推动作用。

四十五、执法检查中有哪些工作要求?

答：执法检查是人大常委会开展的一项非常严肃的工作，在开展工作过程中要遵守相应的工作要求：一是要注重实效，力戒形式主义，避免“热热闹闹搞检查，认认真真走过场”。二是切实做到轻车简从，同级的有关部门可以不陪同检查，到地方时也不要层层陪同。以往的有的执法检查，人员过多，到地方时又层层陪同，队伍庞大，车队排成长龙，不仅不能卓有成效地开展执法检查工作，而且还给地方增加了过重的负担，这是必须坚决克服的。三是执法检查中不直接处理具体问题和案件。执法检查中发现的具体问题和案件以及收到的群众来信，执法检查组应转交常委会办事机构，由办事机构统一转交有关部门依法处理。四是注意发挥舆论监督的作用。在开展执法检查时，凡是有条件的地方，可以请电视台、广播电台、报刊记者参加，既要报道公正执法、廉洁奉公的典型，也要对发现的重大典型违法事件及其处理结果，公之于众，并追踪报道。这对促使有关部门严格执法，及时纠正违法行为，在全社会形成有法必依、执法必严、违法必究的氛围，有积极的推动作用。

四十六、执法检查组的组成应遵循什么原则？哪些人员可以作为执法检查组成员？

答：执法检查组的组成应遵循精干、效能的原则。执法检查组到基层进行检查，通常要走访不同的地方、单位，了解情况，发现问题，因此检查组的组成人员不宜过多，否则不利于提高工作效率。在工作人员的配备上，要力求精干。检查组到基层时，应切实做到轻车简从，谢绝层层陪同，只请地方安排少量必要人员帮助工作。

关于执法检查组的组成人员。以全国人大常委会为例，执法检查组组长一般由负责联系相关专门委员会的副委员长担任，也可以与其他副委员长共同担任。副组长由相关专门委员会的主任委员或者副主任委员担任。执法检查组的其他成员由负责该项执法检查工作的相关专门委员会从常委会和本专门委员会组成人员中选定。执法检查组赴地方进行执法检查时，根据工作需要可以分成若干执法检查小组。执法检查小组组长一般由相关专门委员会负责同志或者其他组成人员担任，组员由常委会和专门委员会组成人员担任。执法检查小组的工作人员，主要由相关专门委员会办事机构、常委会办公厅和有关法律的主管机关的工作人员组成。执法检查组成立后，检查组成员和工作人员要及时学习和掌握有关法律、法规和政策，以及必要的专业知识。

由于执法检查是常委会开展监督工作的一种重要方式，执法检查组还可以吸收本级人大代表参加。通过组织人大代表参加执法检查，可以使代表了解有关法律的实施情况，了解常委会和专门委员会的工作情况，同时也可以提升代表的履职能力，更好地发挥代表的作用，使执法检查成为代表闭会期间活动的一项重要载体。邀请人大代表参加执法检查，可以考虑吸收那些具有相关专业知识或对有关法律实施较为关注

（如在代表大会上提出相关议案、建议）的代表参加。

实践中，也可以吸收相关专业及法律方面的专家参加，以便从专业角度对法律实施的情况及有关问题的成因进行分析、评价。这是一种提高执法检查公众参与程度的方式，具有积极的意义。当然，有关的专家并非执法检查组的成员，他们的工作是协助执法检查组寻找问题所在，从专业角度提供分析意见，并提出法律、法规本身是否存在滞后、不到位或不衔接等问题，以及如何修改、完善的建议等。

四十七、为什么要实行委托执法检查？委托执法检查如何实施？

答：常委会执法检查的目的，是全面了解本行政区域内某项法律、法规实施的情况。由于我国地域广阔，各地方经济发展不平衡，法律、法规或者相关法律制度的实施在不同的地方出现的问题各有不同，有些问题带有普遍性，有些问题则因各地具体情况不同而具有特殊性。无论是共性的问题，还是特性的问题，常委会均需要了解和掌握。但常委会和专门委员会的组成人员有限，不可能在全国各地普遍地进行检查，因此全国人大常委会在执法检查中，较多地运用委托检查的方式。比如，2023 年全国人大常委会开展安全生产法执法检查，委托北京、黑龙江、上海、江苏、江西、湖南、四川、宁夏等 8 省（区、市）人大常委会对本行政区域内安全生产法贯彻实施情况进行检查。通过委托检查，全国人大常委会能够更为及时、全面地了解有关法律实施的情况，这对于执法检查组向常委会提出有关建议是十分有益的。

根据监督法的规定，采取委托检查的方式仅限于两级，即全国人大常委会可以委托省级人大常委会，省一级人大常委会可以委托设区的市一级的人大常委会进行执法检查。由于市、县的区域较小，设区的市以下的人大常委会就不应再委托下级进行执法检查。需要注意的是，省级或设区的市级根据上一级人大常委会的委托进行检查，与本级人大常委会根据年度计划自行进行的执法检查既有联系，又有区别。本级人大常委会自行进行的执法检查，是对本行政区域内法律、法规或者相关法律制度的实施情况进行检查。在根据委托进行执法检查时，是对有关法律法规或者法律制度在本行政区域内的实施情况进行检查，不仅要检查本级政府及有关部门或者人民法院、监察委员会、人民检察院的执法情况，还要检查垂直管理部门等在本行政区域内的执法情况。

四十八、如何联动开展执法检查和协同开展执法检查?

答：修改后的监督法第三十四条第二款、第三款规定：上级人民代表大会常务委员会根据需要，可以与下级人民代表大会常务委员会联动开展执法检查；有关地方人民代表大会常务委员会根据区域协调发展的需要，可以协同开展执法检查。这是对近年来执法检查工作实践创新的回应和总结。

关于联动开展执法检查。2024 年，宁波市人大常委会组织开展市县联动执法检查，成立由市人大常委会主任、副主任分别担任组长和副组长的执法检查领导小组，办公厅、研究室和各专（工）委负责人、部分市人大常委会组成人员和市人大代表担任组员，各区（县、市）人大常委会相应成立领导小组，做好属地检查和执法检查协助配合工作。结合中央生态环保督察部署要求和河长制执行中的宁波实际，明确“各级河（湖）长设置及履职情况”“河（湖）长管治保‘三位一体’管护体系建设情况”等 5 方面检查重点。

关于协同开展执法检查。2023 年，四川、重庆两省（市）人大常委会在前期分别开展实地检查基础上，深入重庆市荣昌区、四川省隆昌市的企业、政务服务中心等地，协同开展《优化营商环境条例》执法检查。

四十九、执法检查可以采取哪些形式了解情况、听取意见?

答：执法检查可以多种形式了解情况、听取意见。修改后的监督法

第三十五条规定："执法检查可以采取座谈会、实地检查、第三方评估、问卷调查或者抽查等形式，深入了解情况，广泛听取意见。"一是座谈会。座谈会作为一种有效的沟通方式，在执法检查中被广泛应用。座谈会上，参与者可以互动发言，不仅能够促进信息的交流，还能增强各方之间的理解和信任，是凝聚共识、推动问题解决的重要手段。二是实地检查。实地检查不仅仅是简单的走访和视察，也是全面深入的调查研究，有利于发现法律、法规和相关法律制度实际执行过程中存在的问题。三是第三方评估。执法检查中的第三方评估，有利于引入独立的专业机构或专家团队，对法律、法规或者相关法律制度的实施情况进行全面、深入的评估，为执法检查提供重要的参考依据。第三方评估的核心在于其独立性和专业性，参与评估的机构或团队通常由具备丰富行业经验和专业知识的人员组成，能够从不同角度对法律实施情况作出客观评价。例如，在污染防治相关法律的执法检查中，第三方评估机构可以邀请环境科学、生态学、法学等领域的专家共同参与，确保评估结果既符合科学原理，又具有法律依据。四是问卷调查或抽查。问卷调查的好处在于提高执法检查的针对性。比如，问卷设计时会充分考虑不同群体特点，确保能够获取到全面而准确的信息。抽查则是对特定对象或事项进行深入检查的方法，具有针对性强、效率高的特点。在抽查过程中，检查组会选择具有代表性的样本进行详细审查，如随机抽取某些地区、单位或个人作为调查对象。通过对这些样本的深入了解，可以推断出整体情况。例如，在环境保护执法检查中，可能会选择污染排放量较大的企业作为抽查对象，重点检查其环保设施运行状况、污染物处理情况等。

五十、执法检查报告应包括哪些内容？执法检查报告对执法情况进行评价的标准是什么？执法检查报告是否要对下级机关的执法情况进行评价？

答：根据监督法的规定，执法检查报告应包括以下内容。

第一，对所检查的法律、法规或者相关法律制度的实施情况进行评价，提出执法中存在的问题和改进执法工作的建议。以全国人大常委会执法检查组 2023 年 10 月关于检查《中华人民共和国科学技术进步法》实施情况的报告为例，从检查情况看，科技进步法的贯彻实施总体到位、成效明显，大多数法律条款都得到较好落实，为全面促进科技进步、提高科技治理能力、加快实现高水平科技自立自强提供了有力法治保障。主要体现在法律宣传贯彻实施稳步推进、科技创新法律制度日益完善、综合科技创新实力大幅跃升、助力经济社会发展成效显著、科技体制机制改革持续深化、科技创新高地建设加快布局。存在的问题主要包括法律实施中仍存在一些短板和弱项，在创新实践中还存在一些问题和不足，不能满足当前各方面转型发展对科技创新提出的要求，需要重点关注并研究解决。具体表现在对科技创新重要性的认识还不到位、协同创新整体效能有待提高、基础研究源头供给能力短板明显、企业科技创新主体地位仍需强化、科技成果转移转化存在堵点、科技投入与人才保障机制有待健全。对改进工作的建议主要包括加大宣传贯彻力度，加强顶层设计谋划，健全新型举国体制，强化基础研究能力，加快体制机制改革，统筹央地创新资源，支持区域科技创新发展等。

第二，根据检查反映的情况，对有关法律、法规提出修改完善的建议。比如，2013 年 12 月全国人大常委会执法检查组关于检查《中华人民共和国行政复议法》实施情况的报告提出，在检查过程中，不少政府部门、专家学者、律师、行政复议申请人提出，现行行政复议法不能完全适应新形势新情况的需要，亟待修改完善，主要修改意见有：完善行政复议体制，总结相对集中复议权试点经验，整合复议资源，提高复议效率；健全行政复议案件审理机制，完善行政复议申请期限、审理程序和证据制度，提高复议质量，增强透明度和公信力；适当扩大行政复议受案范围，方便群众提出复议申请；统筹考虑行政复议法和行政诉讼法的修改，深入研究复议和诉讼的性质作用以及复议机关和行政诉讼被告关系等问题，进一步理顺行政复议和行政诉讼、信访的关系，充分发挥制度合力等。建议国务院有关部门认真研究各方面意见，加快起草进程，尽快形成一个较为成熟的行政复议法修改稿，报经国务院常务会议通过后，提请全国人大常委会审议。

五十一、执法检查是否要对公民、组织守法情况进行检查？

答：根据监督法的规定，执法检查报告应对所检查的法律、法规实施情况进行评价。这里的评价，主要是对有关主管机关执法情况进行检查、监督和评价。执法检查主要的目的不是检查公民、组织的守法情况。法律规范的实施情况，既包括公民、组织遵守法律、法规的情况，也包括国家机关执行法律、法规的情况。现代社会中，国家负有管理公共事务的广泛权力，多数法律、规范必须在国家机关参与下才能在社会生活中得以实现，也就是说，公民、组织依法享有的权利，需要国家机关履行相应职责予以保障。执法检查在了解执法机关工作的同时，也可以了解到公民、组织遵守法律的情况，但执法检查的直接目的不是检查公民、法人的守法情况，而是通过了解这方面的情况，对其成因进行分析，是单纯因公民、组织的法律意识不强造成的，还是存在其他经济、文化或社会原因，现行的管理体制是否合理，有关国家机关的管理和执法是否合理、公正，是否存在管理上的缺位，导致法律规定的公民和社会组织的权利无法保障等。这实际上是从另一方面考察有关国家机关履行法律规定的职责的情况。这与有关主管机关作为管理者对管理相对人的公民、组织守法情况的检查不同。

五十二、执法检查报告如何对有关法律、法规提出修改完善的建议？

答：对有关法律、法规提出修改完善的建议，是执法检查报告中的一项重要内容。在我国，立法机关十分重视法律修改完善工作，将制定新的法律与修改旧的法律摆在同等重要的地位。通过执法检查发现法律、法规本身存在的问题，并结合实际需要提出修改完善的建议，有利于立法机关做好法律、法规的修改工作，同时这也是提高执法检查实效的重要体现。执法检查报告应在对法律、法规的实施情况进行评价的基础上，找出存在的问题及其原因。如果是由于执法工作的问题，可以提出整改建议；如果属于公民法律意识不强，应加强法律的宣传教育工作；如果因法律、法规或者有关法律制度本身存在不完善之处而影响了有效实施，应当研究如何修改的对策，或者责成有关部门进行研究，提出修改完善的意见。

五十三、起草执法检查报告应注意哪些问题？

答：在早期一些地方的执法检查报告中，对执法机关的成绩总结多，提出的建议和要求往往偏重对基层单位具体违法案件的纠正。有的执法检查报告就是法律实施主管部门向人大常委会报告的摘要，有的报告甚至干脆由参加执法检查的政府部门代笔。还有的报告对法律实施不力的现象讲得多，但对有关主管机关在依法履行职责方面存在的问题讲得少。上述情况，降低了执法检查的实效。因此，执法检查报告对于法律实施总体情况，包括对存在的问题的评价要客观、真实，分析要准确、深入，对改进执法工作的建议要有针对性和较强的可操作性，切忌泛泛而论。有关执法机关对执法检查提出的改进建议应当认真研究，切实整改，人大常委会对执法检查后的整改情况，可以开展跟踪监督检查。

五十四、执法检查报告和常委会组成人员的审议意见应当如何处理？

答：人大常委会进行执法检查，其最终目的是督促政府依法行政、依法监察，督促人民法院和人民检察院公正司法，从而保证法律正确有效实施。因此，执法检查报告提请常委会审议后，监督工作并没有完结，在常委会会议结束后，工作机构应及时将常委会组成人员对执法检查报告的审议意见进行汇总整理，然后将其连同执法检查报告一并送交本级人民政府、监察委员会、人民法院或者人民检察院进行研究处理。对于常委会执法检查报告及审议意见提出的法律实施过程中存在的问题和改进工作的建议等，有关机关必须认真研究处理。人民政府、监察委员会、人民法院或者人民检察院应当将研究处理情况由其办事机构送交本级人大专门委员会或者常委会有关工作机构征求意见后，向常委会提出书面报告。2024 年修改监督法，还专门增加规定，即常务委员会认为必要时，可以对执法检查报告作出决议；本级人民政府、监察委员会、人民法院或者人民检察院应当在决议规定的期限内，将执行决议的情况向常务委员会报告。此外，委员长会议或者主任会议可以决定将人民政府、监察委员会、人民法院或者人民检察院对执法检查报告及审议意见研究处理情况或者执行决议情况的报告提请常务委员会审议。

常务委员会的执法检查报告及审议意见，人民政府、监察委员会、人民法院或者人民检察院对其研究处理情况或者执行决议情况的报告，向本级人民代表大会代表通报并向社会公布。

五十五、如何在执法检查结束后进行跟踪检查?

答：跟踪检查是执法检查工作的重要组成部分。监督法第三十七条第二款规定，必要时，常务委员会可以组织跟踪检查，也可以委托本级人民代表大会有关专门委员会或者常务委员会有关工作机构组织跟踪检查。跟踪检查主要有两种形式。一是紧紧抓住关系党和国家工作的大局和改革发展稳定全局的重点领域，深入持久地开展相关法律、法规的执法检查。二是紧紧抓住重点法律，在第一次执法检查后，再次或多次组织执法检查，深入持久地开展跟踪检查，督促人民政府、监察委员会、人民法院和人民检察院解决执法中的问题，力求把法律的实施落到实处。

五十六、如何综合运用执法检查和其他监督手段以加强监督实效？

答：对执法中的一些重点、难点问题，人大及其常委会可以将执法检查同其他各种监督手段结合起来，以切实达到监督的目的。对于执法检查中发现的带有全局性、倾向性的问题以及需要解决的突出问题，可以采取询问、质询，由人民政府、监察委员会、人民法院和人民检察院作专题工作报告，以及由常委会作出相应的决议、决定的方式，以加强监督的力度。加强与有关机关的沟通协作，对常委会任命的人民政府、监察委员会、人民法院和人民检察院的人员，经查证有严重违法乱纪情形的，可以决定撤销其职务。

五十七、常委会执法检查的情况为什么要向人大代表通报？

答：根据监督法的规定，常委会的执法检查报告及审议意见，人民政府、监察委员会、人民法院或者人民检察院对其研究处理情况的报告，应当向本级人大代表通报。这些报告和意见不仅反映了对现行法律、法规和相关法律制度执行情况的全面评估，还包含了针对发现的问题提出的改进建议。为了确保透明度和监督的有效性，人民政府、监察委员会、人民法院或人民检察院需要对常委会提出的审议意见进行深入研究，并将处理情况以书面形式提请人大常委会审议。这一过程体现了我国权力机关与行政机关、监察机关、司法机关之间的相互协作和监督机制。最终形成的关于研究处理情况的报告，应当及时向本级人民代表大会代表通报，保证人大代表能够充分了解各项工作的进展和存在的问题，从而更好地履行其职责，代表人民的利益发声。这一规定的目的是保证人大代表对常委会执法检查情况的了解和知情。人大代表作为国家权力机关的组成人员，履行代表职务需要了解掌握有关情况，以保证在参加人大有关工作和活动时心中有数。为此，在闭会期间，人大常委会的工作机构应当向代表通报常委会会议、常委会重要工作安排和重要活动情况，寄送有关的报告和资料。常委会执法检查的情况亦在向人大代表通报的范围内。

五十八、常委会执法检查报告及审议意见等如何向社会公布？

答：人大常委会执法检查的有关情况向社会公布，是确保法律实施和监督工作透明度的重要环节。公开执法检查的有关情况，一方面表明人大常委会的监督权来源于人民，是人民管理国家事务的重要体现，应当受到人民群众和社会舆论的监督；另一方面，也可以使人民群众更直接地了解人民政府、监察委员会、人民法院和人民检察院的执法情况，鼓励广大人民群众来信、来电提出意见和建议，促进人民政府、监察委员会、人民法院和人民检察院的工作，提高监督工作的实效。人大常委会公布执法检查报告及审议意见和人民政府、监察委员会、人民法院和人民检察院对其研究处理的报告，可采取以下形式：一是通过官方网站或政务平台发布正式公告；二是召开新闻发布会，邀请媒体记者参加，详细介绍检查结果；三是在官方刊物上刊登完整版或摘要版的报告；四是利用新媒体平台如微博、微信公众号等推送相关信息；五是向各级政府机关、企事业单位和社会团体发送纸质文件或电子文档。对于一些复杂或敏感的问题，还可以组织专家解读会，帮助公民更好地理解。

第五章

规范性文件的备案审查

本次监督法修改对规范性文件备案审查制度作了哪些主要的完善和补充？

行政法规、监察法规、地方性法规、自治条例和单行条例、规章应当如何进行备案、审查？

为什么要将县级以上地方人大及其常委会和“一府一委两院”制定的规范性文件纳入备案审查范围？

五十九、本次监督法修改对规范性文件备案审查制度作了哪些主要的完善和补充？

答：对法规、规章、司法解释和其他规范性文件实行备案审查，是宪法和法律规定的一项重要制度。本次修改监督法，根据党中央决策部署，在总结近年来备案审查工作实践经验的基础上，对监督法第五章“规范性文件的备案审查”的有关规定，进行了以下六个方面的补充、完善。

一是扩大规范性文件备案审查的范围。将原来县级以上地方各级人大常委会审查、撤销规范性文件的范围，由“下一级人民代表大会及其常务委员会作出的决议、决定和本级人民政府发布的决定、命令”，修改为“下一级人民代表大会及其常务委员会作出的决议、决定和本级人民政府、监察委员会、人民法院、人民检察院制定的规范性文件”，明确将地方各级监察委员会、人民法院、人民检察院制定的不适当的规范性文件纳入县级以上地方各级人大常委会审查、撤销的范围。

二是扩大有权对司法解释提出审查要求的主体范围。将原来“可以向全国人民代表大会常务委员会书面提出进行审查的要求”的主体，由“国务院、中央军事委员会和省、自治区、直辖市的人民代表大会常务委员会”，修改为“国务院、中央军事委员会、国家监察委员会和省、自治区、直辖市的人民代表大会常务委员会”，明确将“国家监察委员会”纳入可以对司法解释提出审查要求的国家机关的范围。

三是增加对司法解释的审查方式。增加规定，全国人大有关专门委员会、常委会工作机构可以对报送备案的具体应用法律的解释，进行主动审查，并可以根据需要进行专项审查。

四是健全对司法解释的审查机制。明确司法解释备案审查工作中的合宪性审查要求，对宪法和法律委员会、有关专门委员会、常委会工作机构审查司法解释的程序作出完善。

五是增加了备案审查机关应当建立健全衔接联动机制。对应当由其他机关处理的审查要求或者审查建议，及时移送有关机关处理。

六是总结近年来备案审查工作的实践经验，增加规定，常务委员会应当每年听取和审议备案审查工作情况报告。

六十、行政法规、监察法规、地方性法规、自治条例和单行条例、规章应当如何进行备案、审查?

答：修改后的监督法第三十八条规定："行政法规、监察法规、地方性法规、自治条例和单行条例、规章等的备案、审查和撤销，依照《中华人民共和国立法法》和全国人民代表大会常务委员会的有关决定办理。"

（一）关于备案

立法法对备案的文件范围、期限和备案主体作出了明确规定。根据立法法第一百零九条、第一百一十八条和《全国人民代表大会常务委员会关于国家监察委员会制定监察法规的决定》规定，行政法规、监察法规、地方性法规、自治条例和单行条例、规章等应当在公布后的三十日内依照规定报送备案。

（二）关于审查

根据立法法的规定，国务院、中央军事委员会、国家监察委员会、最高人民法院、最高人民检察院和各省、自治区、直辖市的人民代表大会常务委员会认为行政法规、地方性法规、自治条例和单行条例同宪法或者法律相抵触，或者存在合宪性、合法性问题的，可以向全国人民代表大会常务委员会书面提出进行审查的要求，由全国人民代表大会有关的专门委员会和常务委员会工作机构进行审查、提出意见。前述以外的其他国家机关和社会团体、企业事业组织以及公民认为行政法规、地方性法规、自治条例和单行条例同宪法或者法律相抵触的，可以向全国人民代表大会常务委员会书面提出进行审查的建议，由常务委员会工作机构进行审查；必要时，送有关的专门委员会进行审查、提出意见。全国人民代表大会专门委员会、常务委员会工作机构可以对报送备案的行政法规、地方性法规、自治条例和单行条例等进行主动审查，并可以根据需要进行专项审查。根据上述规定，备案审查包括主动审查、被动审查、专项审查等形式。

六十一、为什么要将县级以上地方人大及其常委会和“一府一委两院”制定的规范性文件纳入备案审查范围?

答：2006年制定监督法时，已经明确规定将下一级人大及其常委会制定的“决议、决定”和本级人民政府制定的“决定、命令”纳入地方人大常委会规范性文件备案审查范围。本次修改监督法，根据党中央决策部署和总结实践经验，在保留下一级人大及其常委会制定的“决议、决定”和本级人民政府制定的“决定、命令”的同时，将监察委员会、人民法院、人民检察院制定的规范性文件也纳入备案审查范围，贯彻落实党中央关于“所有的法规规章、司法解释和各类规范性文件出台后都要依法依规纳入备案审查范围”的部署要求，并将人民政府制定的“决定、命令”一并修改为“规范性文件”。将县级以上地方人大及其常委会和“一府一委两院”制定的规范性文件纳入备案审查范围，实行了国家机关规范性文件备案审查的全覆盖，以便及时纠正法律规范之间的相互冲突情况，确保法律规范的内在协调统一，维护宪法和法律的权威和尊严。

六十二、如何理解撤销地方人大及其常委会和“一府一委两院”规范性文件的标准?

答：纳入备案审查范围的规范性文件，县级以上地方人大常委会经过依法审查后，认为具有法定撤销情形的，应当依法予以撤销。修改后的监督法第三十九条规定："县级以上地方各级人民代表大会常务委员会对下一级人民代表大会及其常务委员会作出的决议、决定和本级人民政府、监察委员会、人民法院、人民检察院制定的规范性文件，经审查，认为有下列不适当的情形之一的，有权予以撤销：（一）超越法定权限，限制或者剥夺公民、法人和其他组织的合法权利，或者增加公民、法人和其他组织的义务的；（二）同法律、法规规定相抵触的；（三）有其他不适当的情形，应当予以撤销的。"根据这一规定，撤销地方人大及其常委会和"一府一委两院"规范性文件的标准，包括以下三个方面。

一是超越法定权限，限制或者剥夺公民、法人和其他组织的合法权利，或者增加公民、法人和其他组织的义务的。所谓超越权限，是指规范性文件的制定机关违反法定职权，对不属于自己职权范围内的事项作出规定。所谓限制或者剥夺公民、法人和其他组织的合法权益，是指地方人大及其常委会作出的决议、决定或者地方人民政府、监察委员会、人民法院、人民检察院制定的规范性文件，对公民、法人和其他组织依照法律、行政法规、地方性法规的规定所享有的权利，予以限制或者取消。所谓增加公民、法人和其他组织的义务，是指地方人大及其常委会作出的决议、决定或者地方人民政府、监察委员会、人民法院、人民检察院制定的规范性文件，在法律、行政法规、地方性法规的规定之外，额外规定公民、法人和其他组织应当承担的义务。立法法对立法权限作了明确规定，对只能制定法律的事项、可以制定行政法规的事项、可以制定地方性法规的事项以及部门规章、地方政府规章可以规定的事项作了列举。立法法还规定："最高人民法院、最高人民检察院以外的审判机关和检察机关，不得作出具体应用法律的解释。"如果地方人大及其常委会和地方人民政府、监察委员会、人民法院、人民检察院制定的规范性文件超越权限，在作出的决议、决定和制定的规范性文件中，限制或者剥夺公民、法人和其他组织的合法权益，或者增加公民、法人和其他组织的义务的，县级以上地方人民代表大会常务委员会有权依法予以撤销。

二是同法律、法规规定相抵触的。我国实行统一而又分层次的立法体制，为了保证国家法制统一，宪法和立法法等法律确立了“不抵触原则”，即下位法必须遵循上位法的精神、原则和规范，不得与宪法和上位法的精神、原则和规范相抵触。“不抵触原则”不仅适用于立法活动，同样也适用于各级各类国家机关制定规范性文件活动，即地方人大及其常委会和地方人民政府、监察委员会、人民法院、人民检察院制定的规范性文件，都不得同法律、法规相抵触。至于什么是“抵触”，法律没有作出具体明确的规定。在实践中，通常认为以下几种情况应当属于“抵触”情形：(1) 上位法有明确的规定，与上位法的规定相反的；(2) 虽然不与上位法的规定相反，但旨在抵消上位法的规定的，即搞“上有政策下有对策的”；(3) 上位法没有明确规定，与上位法的立法目的和立法精神相反的；(4) 违反了立法法关于立法权限的规定，越权立法的；(5) 下位法超出上位法规定的处罚的种类和幅度的。符合上述5项中任何一项，都可以认为是与上位法相抵触。

三是有其他不适当的情形，应当予以撤销的。这是一项兜底性条款，是指除了上面两种撤销情形之外，其他应当予以撤销的情形。“不适当”是一个包括“超越法定权限”和“同法律、法规规定相抵触”在内的比较宽泛的概念，虽然宪法和立法法、监督法等法律中都使用这一概念，但都没有对“不适当”作出具体明确的规定。一般认为，“不适当”就是指规定的内容和要求存在不合理、不公平。有的认为以下几种情况应当属于“不适当”的情形：(1) 要求公民、法人和其他组织执行的标准或者遵守的措施明显脱离实际的；(2) 要求公民、法人和其他组织履行的义务与其所享有的权利明显不平衡的；(3) 赋予国家机关的权力及要求与其承担的义务明显不平衡的；(4) 对某种行为采取的措施与该行为所应承担的义务或者责任明显不平衡的。

需要注意的是，规范性文件存在“其他不适当”情形，并非一律予以撤销，而是达到“应当予以撤销”的程度，方可予以撤销。

六十三、应当如何确定审查、撤销下一级人大及其常委会不适当决议、决定和本级“一府一委两院”不适当规范性文件的程序?

答: 规范性文件备案审查是地方人大常委会开展监督工作的一个重要方面，是维护国家法制统一、保证宪法和法律、法规贯彻执行的重要措施，是维护公民、法人和其他组织合法权益的重要保障。修改后的监督法第四十条规定，县级以上地方各级人民代表大会常务委员会审查、撤销下一级人民代表大会及其常务委员会作出的不适当的决议、决定和本级人民政府、监察委员会、人民法院、人民检察院制定的不适当的规范性文件的程序，由省、自治区、直辖市的人民代表大会常务委员会参照《中华人民共和国立法法》和全国人民代表大会常务委员会的有关决定，作出具体规定。如备案的时间、审查的方式、审查的程序、撤销的条件等，对县级以上地方各级人大常委会审查、撤销下一级人大及其常委会作出的不适当的决议、决定和本级人民政府、监察委员会、人民法院、人民检察院制定的不适当的规范性文件的程序，作出具体规定。

六十四、监督法对“两高”的司法解释备案是如何规定的?

答: 监督法第四十一条规定:“最高人民法院、最高人民检察院作出的属于审判、检察工作中具体应用法律的解释，应当自公布之日起三十日内报全国人民代表大会常务委员会备案。”

司法解释是指最高人民法院、最高人民检察院作出的属于审判、检察工作中具体应用法律的解释。多年来，最高人民法院和最高人民检察院根据审判、检察工作中具体应用法律的需要，或者单独，或者联合，作出了大量的司法解释，为各级人民法院和人民检察院在审判、检察工作中正确理解和准确适用法律提供了依据。同时，为了明确司法解释的性质，最高人民法院和最高人民检察院都明确规定，“司法解释具有法律效力”。《最高人民法院关于司法解释工作的规定》规定：司法解释施行后，人民法院作为裁判依据的，应当在司法文书中援引。人民法院同时引用法律和司法解释作为裁判依据的，应当先援引法律，后援引司法解释。《最高人民检察院司法解释工作规定》规定：人民检察院在起诉书、抗诉书、检察建议书等法律文书中，需要引用法律和司法解释的，应当先援引法律，后援引司法解释。

同时，司法解释也存在一些问题，如最高人民法院和最高人民检察院对同一法律问题所作的解释不同，给基层执法工作带来了麻烦；有的司法解释已经超越了对属于审判、检察工作中具体应用法律进行解释的范围，对本应由立法机关制定法律或者作出法律解释的事项进行解释；有的司法解释不符合立法原意，甚至违背立法原意等。对此，全国人大代表、全国政协委员、法学专家、法律实务工作者等，纷纷提出意见，建议全国人大常委会加强对司法解释的监督，建立司法解释备案审查制度，维护国家法制的统一。中央关于司法体制改革的精神，也要求司法解释接受全国人大常委会的监督。2005 年 12 月 16 日，十届全国人大常委会第四十次委员长会议专门通过了《司法解释备案审查工作程序》，明确要求最高人民法院、最高人民检察院制定的司法解释，应当报送全国人大常委会备案，开始了我国司法解释的备案审查工作。2006 年制定监督法时，正式以法律规定的形式，对司法解释的备案审查作了规定。本次修改，对“两高”司法解释备案的规定，没有作出修改。

六十五、什么是司法解释的主动审查、专项审查？应当怎样开展主动审查、专项审查工作？

答：修改后的监督法第四十二条第三款规定：“全国人民代表大会有关专门委员会、常务委员会工作机构可以对报送备案的具体应用法律的解释进行主动审查，并可以根据需要进行专项审查。”

（一）关于主动审查

所谓主动审查，又称依职权审查，是指备案审查机关依照法律规定的职权，主动对报送其备案的司法解释进行审查。与之相对应的，则是被动审查，亦称依申请审查，即应国家机关、社会团体、企业事业组织以及公民依法提出审查要求或者审查建议而启动审查程序，对司法解释进行审查，没有审查要求或者审查建议的，就不启动审查程序。主动审查与被动审查都是启动审查程序的方式，两者之间的主要区别在于发现问题的渠道不同。前者是备案审查机关自行发现问题，后者是通过机关、组织、公民提出审查要求或者审查建议发现问题。主动审查与被动审查两种方式相结合，既可以及时发现问题、解决问题，又可以避免备案审查工作受制于审查要求或者审查建议而不积极作为。

（二）关于专项审查

所谓专项审查，是指针对特定领域或者特定问题的某一类司法解释有重点地进行集中审查。在实际工作中，开展专项审查，主要是围绕贯彻党中央决策部署、配合重要法律修改、落实常委会监督工作安排，回应人民群众关切所采取的有重点的专门性审查。

专项审查是备案审查机关依据法定职责和权限开展的主动审查，所以也可以说是主动审查或者依职权审查的一种特殊形式。两者之间的主要区别，依职权审查是日常性的审查，要点在“有备必审”“应审尽审”；专项审查则是专门开展的有重点的审查，且常常与集中清理工作联系在一起，要点在专门性、有重点。十三届全国人大常委会期间，2018 年 7 月十三届全国人大常委会第四次会议通过的《全国人民代表大会常务委员会关于全面加强生态环境保护　依法推动打好污染防治攻坚战的决议》中明确要求，“抓紧开展生态环境保护法规、规章、司法解释和规范性文件的全面清理工作，对不符合不衔接不适应法律规定、中央精神、时代要求的，及时进行废止或修改”。法制工作委员会推动制定机关对清理过程中发现的 37 件部门规章、456 件地方政府规章、2 件司法解释以及 11000 余件各类规范性文件及时修改、废止或者重新制定。

总之，对报送备案的司法解释开展专项审查工作，拓展了备案审查工作思路，增强了备案审查工作的针对性、系统性、时效性，有利于发挥法律体系整体功效和治理体系整体效能。实践表明，及时组织开展重点领域司法解释专项审查工作，对于实现相关领域上下联动、左右协同，保证党中央精神全面贯彻、一体遵循，保证国家重要法律和法治措施有效实施，促进法律体系内在科学和谐统一，推进国家治理体系和治理能力现代化，具有重要意义。

六十六、什么是司法解释的被动审查？被动审查工作应当如何开展？

答：所谓被动审查，是通过公民、组织提出审查要求或者审查建议的方式来启动审查程序，没有公民、组织提出审查要求或者审查建议，就不启动审查程序，类似于俗称的“不告不理”。修改后的监督法第四十二条第一款、第二款规定：“国务院、中央军事委员会、国家监察委员会和省、自治区、直辖市的人民代表大会常务委员会认为最高人民法院、最高人民检察院作出的具体应用法律的解释同宪法或者法律相抵触，或者存在合宪性、合法性问题的，最高人民法院、最高人民检察院之间认为对方作出的具体应用法律的解释同宪法或者法律相抵触，或者存在合宪性、合法性问题的，可以向全国人民代表大会常务委员会书面提出进行审查的要求，由全国人民代表大会有关专门委员会和常务委员会工作机构进行审查、提出意见。”“前款规定以外的其他国家机关和社会团体、企业事业组织以及公民认为最高人民法院、最高人民检察院作出的具体应用法律的解释同宪法或者法律相抵触的，可以向全国人民代表大会常务委员会书面提出进行审查的建议，由常务委员会工作机构进行审查；必要时，送有关专门委员会进行审查、提出意见。”这一规定是在2006年监督法第三十二条规定的基础上修改形成的。这次修改，包括以下几个方面：一是扩大了提出审查要求的主体范围，增加了

“国家监察委员会”；二是增加了提出审查要求的标准条件，由原来认为“同法律规定相抵触的”，扩展到认为“同宪法或者法律相抵触，或者存在合宪性、合法性问题的”，也可以提出审查要求；三是理顺了专门委员会与常委会工作机构之间在审查工作上的关系，明确了常委会工作机构的审查职责。

六十七、司法解释存在问题应当如何处理？

答：修改后的监督法第四十三条规定：“全国人民代表大会宪法和法律委员会、有关专门委员会、常务委员会工作机构经审查认为最高人民法院或者最高人民检察院作出的具体应用法律的解释同宪法或者法律相抵触，或者存在合宪性、合法性问题需要修改或者废止，而最高人民法院或者最高人民检察院不予修改或者废止的，应当提出撤销或者要求最高人民法院或者最高人民检察院予以修改、废止的议案、建议，或者提出由全国人民代表大会常务委员会作出法律解释的议案、建议，由委员长会议决定提请常务委员会审议。”

根据监督法的上述规定以及 2019 年 12 月十三届全国人大常委会第 44 次委员长会议通过的《法规、司法解释备案审查工作办法》的规定，最高人民法院、最高人民检察院作出的具体应用法律的解释，经全国人大宪法和法律委员会、有关专门委员会、常委会工作机构审查，认为同宪法或者法律相抵触，或者存在合宪性、合法性问题的，按照以下程序处理。

第一，与制定机关沟通。经沟通，制定机关同意对司法解释予以修改或者废止，并书面提出明确处理计划和时限的，可以不再向其提出书面审查研究意见，审查中止。

第二，提出书面审查研究意见。经沟通没有结果的，应当依照立法法规定，向司法解释的制定机关提出书面审查研究意见，要求制定机关在两个月内提出书面处理意见。

制定机关收到审查研究意见后逾期未报送书面处理意见的，宪法和法律委员会、有关专门委员会、常委会法制工作委员会可以向制定机关发函督促或者约谈制定机关有关负责人，要求制定机关限期报送处理意见。制定机关按照书面审查研究意见对司法解释进行修改、废止的，审查终止。

第三，提出相关议案、建议。制定机关未按照书面审查研究意见对司法解释及时予以修改、废止的，宪法和法律委员会、有关专门委员会、常委会法制工作委员会可以依法提出三种议案、建议。

一是撤销同宪法或者法律相抵触，或者存在合宪性、合法性问题的司法解释的议案、建议；

二是要求最高人民法院或者最高人民检察院予以修改、废止同宪法或者法律相抵触，或者存在合宪性、合法性问题的司法解释的议案、建议。

议案、建议提出以后，由全国人大常委会委员长会议决定提请常委会审议。经全国人大常委会会议审议，可以依法作出决定、决议，撤销该司法解释，或者责令该司法解释的制定机关予以修改、废止。

三是由全国人大常委会作出法律解释的议案、建议。

议案、建议提出以后，由全国人大常委会委员长会议决定提请常委会审议。经全国人大常委会委员长会议决定提请常委会审议的，由常务委员会全体组成人员的过半数通过，由常务委员会发布公告予以公布。法律解释同法律具有同等效力。司法解释同法律解释不一致的，即行失效。

六十八、监督法对备案审查衔接联动机制作了什么规定？

答：党的十八大以来，以习近平同志为核心的党中央高度重视备案审查工作。2015 年，中共中央办公厅出台工作指导性文件提出，建立党委、人大、政府和军队系统之间的规范性文件备案审查衔接联动机制，实现有件必备、有备必审、有错必纠。2012 年 6 月，中共中央批准、中央办公厅发布并于 2019 年 8 月中央政治局会议修订的《中国共产党党内法规和规范性文件备案审查规定》中明确规定，各级党委应当与同级人大常委会、政府等有关方面建立健全备案审查衔接联动机制。

建立备案审查衔接联动机制，目的是贯彻落实党中央关于备案审查工作的一系列决策部署，进一步加大备案审查工作力度，加强党委、人大、政府、军队系统各备案审查工作机构的协同配合，坚持规范性文件“有件必备、有备必审、有错必纠”的原则。建立衔接联动机制以来，协作参与单位积极开展工作，按照衔接联动机制要求，及时移送审查建议，并在共商研究意见、共享工作信息、共同培训研讨、协商解决问题等方面建立起常态化工作机制，推动形成互联互通互动的工作格局，取得了明显成效。

这次修改监督法，专门对备案审查衔接联动机制作出规定，即修改后的监督法第四十四条：“备案审查机关应当建立健全备案审查衔接联动机制，对应当由其他机关处理的审查要求或者审查建议，及时移送有关机关处理。”

第六章

询问、专题询问和质询

本次修改监督法对第六章“询问和质询”作了哪些修改?

询问应当如何提出和答复?

什么是专题询问?监督法为什么要对专题询问作出规定?

六十九、本次修改监督法对第六章“询问和质询”作了哪些修改？

答： 本次修改监督法，坚持问题导向、实践导向，认真总结监督法施行以来特别是党的十八大以来人大监督工作的成功经验和有益做法，完善人大监督制度机制，对第六章“询问和质询”作了以下两个方面的修改。

一是将第六章章名“询问和质询”，修改为“询问、专题询问和质询”，并增加四条，分别作出规定。第一，各级人大常委会围绕关系改革发展稳定大局和群众切身利益、社会普遍关注的重大问题，可以召开全体会议、联组会议或者分组会议，进行专题询问；本级人民政府及其有关部门、监察委员会、人民法院或者人民检察院的负责人应当到会，听取意见，回答询问。第二，专题询问应当坚持问题导向，增强针对性、实效性，积极回应社会关切；专题询问可以结合审议专项工作报告、执法检查报告或者其他报告进行。第三，常委会开展专题询问前，可以组织开展专题调查研究，深入了解情况，广泛听取意见；常委会办事机构应当及时将有关专题调查研究报告和汇总的有关方面意见发给常委会组成人员。第四，专题询问中提出的意见交由有关国家机关研究处理，有关国家机关应当及时向常委会提交研究处理情况报告；必要时，委员长会议或者主任会议可以决定将研究处理情况报告提请常务委员会审议。

二是体现国家机构改革相关要求，在被询问、被质询机关中增加“监察委员会”。

七十、询问应当如何提出和答复？

答： 监督法第四十六条规定：“各级人民代表大会常务委员会会议审议议案和有关报告时，本级人民政府或者有关部门、监察委员会、人民法院或者人民检察院应当派有关负责人员到会，听取意见，回答询问。”根据这一规定，询问的提出和答复包括以下内容。

一是提出询问的主体，主要是人大常委会的组成人员。同时，列席人大常委会会议的本级人大代表、专门委员会成员、常委会工作机构负责人和下一级人大常委会负责人等，也可以提出询问。询问可以个人单独提出，也可以几个人联合提出；可以口头提出，也可以书面提出。

二是提出询问的时间，应当是人大常委会会议审议议案和有关报告的时候，即人大常委会的会议期间。在常委会闭会期间，如果常委会组成人员提出问题，要求有关机关答复，可以采取提出建议、批评和意见的形式，由常委会办事机构交有关机关作出答复。

三是提出询问的内容，应当与正在审议的议案和有关报告有关。但不仅仅限于议案和有关报告本身，为了全面深入审议议案和有关报告，也可以对与议案和有关报告相关的问题提出询问。

四是提出询问的对象，应当是正在审议的议案和报告所涉及工作的相关机关，比如常委会会议审议传染病防治问题专项工作报告时，可以向传染病防治工作主管部门提出询问，但不仅仅限于传染病防治工作主管部门，也可以向与传染病防治工作相关的其他部门（如疫苗研发、生产、流通等的主管部门等）提出询问。

五是询问由有关负责人员答复。人大常委会会议审议议案和有关报告时，本级人民政府或者有关部门、监察委员会、人民法院或者人民检察院应当派有关负责人员到会，询问提出后，由上述机关的负责人员当场予以口头答复。不能当场答复的，经说明原因后，可以在下次会议上答复或者书面答复。“有关负责人员”可以是本级人民政府或者有关部门、监察委员会、人民法院、人民检察院的正副职领导人，也可以是其内设机构的正副职领导人，如政府有关部门下属局（处、科）的正副职领导人、人民法院下属审判庭的正副庭长、人民检察院下属厅（处、科）的正副职领导人。

常委会组成人员或者参加会议的其他人员提出询问，到会的有关机关的负责人员进行答复后，如果仍有不清楚的问题，可以当场跟进提出询问，由有关机关的负责人员进一步答复，以便参加会议的常委会组成人员或者参加会议的其他人员对问题进行深入的审议讨论。

七十一、什么是专题询问？监督法为什么要对专题询问作出规定？

答：专题询问是近年来人大常委会开展监督工作的一种新方式，是指人大常委会有计划、有组织、有重点地针对"一府一委两院"某方面的工作集中开展专门询问的活动。专题询问是人大常委会行使监督职权、开展监督工作的一种重要形式。

专题询问是在询问制度基础上发展而来的。党的十八大以来，以习近平同志为核心的党中央将改进完善专题询问作为一项重点改革任务，提出了具体要求。

在总结监督法施行以来特别是党的十八大以来人大监督工作的成功经验和有益做法的基础上，本次修改监督法，专门增加四条，对专题询问作出规定。

七十二、专题询问应当如何开展？

答：修改后的监督法第四十七条规定："各级人民代表大会常务委员会围绕关系改革发展稳定大局和群众切身利益、社会普遍关注的重大问题，可以召开全体会议、联组会议或者分组会议，进行专题询问。本级人民政府及其有关部门、监察委员会、人民法院或者人民检察院的负责人应当到会，听取意见，回答询问。"根据这一规定，开展专题询问，应当把握以下几个方面的要求。

一是关于专题询问的议题。如何确定专题询问的议题，是专题询问能否取得良好效果的前提和关键。根据法律规定和实践做法，一方面可以结合审议专项工作报告、执法检查报告或者其他报告，确定专题询问的议题；另一方面也可以结合人大代表提出的建议、批评和意见及人大各项工作中发现的突出问题，以及改革难度大、存在问题多、涉及群众切身利益、社会关注度高的问题，确定专题询问的议题。专题询问的议题不宜过于宽泛，应当选取一些带有全局性、普遍性、倾向性和民生性的问题作为专题询问的议题，力争询问一个议题，推动一项工作，督促“一府一委两院”采取措施解决工作中存在的不足和问题，促进依法行政、依法监察、公正司法。同时，在确定专题询问议题时，应当始终坚持以人为本，坚持群众路线，高度关注民生，把实现好、维护好、发展好最广大人民的根本利益作为出发点和落脚点。

二是关于专题询问的组织。具体做法是，在常委会举行会议期间，召开全体会议、联组会议或者分组会议，就相关议题开展专题询问。

三是关于专题询问的答复。人大常委会进行专题询问时，与专题询问议题相关的本级人民政府及其有关部门、监察委员会、人民法院或者人民检察院的负责人应当到会，听取意见，回答询问。

七十三、专题询问前是否可以开展专题调查研究?

答：修改后的监督法第四十九条规定：“常务委员会开展专题询问前，可以组织开展专题调查研究，深入了解情况，广泛听取意见。”“常务委员会办事机构应当及时将有关专题调查研究报告和汇总的有关方面意见发给常务委员会组成人员。”

专题询问作为人大常委会行使监督职权、开展监督工作的一种重要形式，具体工作涉及面广、头绪多、事务繁杂，要想取得良好的效果，必须做好充分的前期准备，前期准备工作的一项重要内容，就是开展调查研究。2015 年全国人大常委会办公厅制定的《关于改进完善专题询问工作的若干意见》对做好专题询问的前期准备工作，提出全国人大相关专门委员会和常委会工作机构要在调研、听取汇报等工作基础上，认真梳理出人民群众普遍关注的热点难点问题，并以适当方式征求人大代表、地方人大对专题询问的意见，以确保专题询问扎实深入进行。

七十四、应当如何处理专题询问中提出的意见?

答： 修改后的监督法第五十条规定："专题询问中提出的意见交由有关国家机关研究处理，有关国家机关应当及时向常务委员会提交研究处理情况报告。必要时，委员长会议或者主任会议可以决定将研究处理情况报告提请常务委员会审议。"

专题询问作为人大常委会的一项重要监督工作，重点在于常委会组成人员的"询问"，关键在于被询问机关负责人的"回答"，目的在于推动被询问机关的工作"整改"。人大常委会开展专题询问，常委会组成人员提出询问，被询问机关负责人当场予以"回答"，只是完成了专题询问监督工作的"前半篇文章"，本级政府及有关部门、监察委员会、人民法院或者人民检察院抓好落实、改进工作，才是这项监督工作的"后半篇文章"。只有将两者紧密衔接、形成闭环，抓好后续整改各项工作，才能把专题询问的监督成果转化为实实在在的工作成效。因此，专题询问既是询问会、检视会，也是落实会、推进会。

为了确保专题询问取得实效，对于常委会组成人员在专题询问中提出的意见，交由有关国家机关研究处理。有关国家机关应当认真对待这些意见，区分情况予以研究处理。对于具备条件、能够立即整改落实的意见，应当立行立改；对于暂不具备条件、目前难以整改落实的意见，应当明确整改时限，采取相应措施，逐步推进整改。有关机关应当及时向本级人大常委会提交研究处理情况报告。人大常委会收到有关机关提交的研究处理情况报告后，根据情况，在必要时经委员长会议或者主任会议决定，将研究处理情况报告提请常委会审议。

七十五、监督法对质询案的提出规定了哪些条件？

答：监督法第五十一条规定："全国人民代表大会常务委员会组成人员十人以上联名，省、自治区、直辖市、自治州、设区的市人民代表大会常务委员会组成人员五人以上联名，县级人民代表大会常务委员会组成人员三人以上联名，可以向常务委员会书面提出对本级人民政府及其部门和监察委员会、人民法院、人民检察院的质询案。""质询案应当写明质询对象、质询的问题和内容。"

质询必须以质询案的形式提出，属于议案的一种，一般是针对国家行政机关、监察机关、审判机关、检察机关工作中比较重大的问题并要求作出答复，带有批评性和强制性。根据监督法的规定，提出质询案必须符合以下条件。

一是提出质询案的主体，必须是常委会组成人员。虽然人大代表可以在代表大会期间依法提出质询案，但代表在列席常委会会议时，不能提出质询案，也不能与常委会组成人员共同联名提出质询案。提出质询案的常委会组成人员，必须符合法定人数，即全国人大常委会组成人员10人以上联名，省级和设区的市、自治州人大常委会组成人员5人以上联名，县级人大常委会组成人员3人以上联名。不符合法定人数的，不能作为质询案提出。

二是质询案的质询对象。质询案必须针对本级政府及其有关部门、监察委员会、人民法院、人民检察院，而不能针对其他机关或者组织如社会团体、企事业单位等提出质询案，也不能针对质询对象的内设机构或者下属单位提出质询案。

三是提出质询案的形式。质询案必须以书面形式提出，不能以口头形式提出。如果以口头形式提出的，不作为质询案对待和处理，但可以按照询问处理。

四是质询案应当写明质询对象、质询的问题和内容。质询对象，包括本级政府及其部门、监察委员会、人民法院、人民检察院。质询案应当明确向哪个国家机关提出，一个质询案应当只针对一个质询对象，以便明确答复机关。如果对多个质询对象提出质询，应当分别提出几个质询案。质询的问题，即质询案必须写明质询什么问题。如果没有明确的问题，受质询机关就无法予以答复。一般来讲，一个质询案应当只提出一个问题，如果有多个问题需要质询，可以分别提出几个质询案。质询的内容，即质询案必须写明因为什么具体事项、什么理由提出质询，并提供该事项必要的有关情况，以便受质询机关准确把握提出质询案的意图，希望了解的情况范围或者不满意的事项，作出有针对性的答复。

七十六、质询案应当如何答复?

答: 监督法第五十二条规定:“质询案由委员长会议或者主任会议决定交由受质询的机关答复。”“委员长会议或者主任会议可以决定由受质询机关在常务委员会会议上或者有关专门委员会会议上口头答复，或者由受质询机关书面答复。在专门委员会会议上答复的，提质询案的常务委员会组成人员有权列席会议，发表意见。委员长会议或者主任会议认为必要时，可以将答复质询案的情况报告印发常务委员会会议。”

对询问、专题询问的答复，法律上虽然也有一定的要求，如结合审议议案或者有关报告进行，但通常采用随问随答的方式进行，在程序上并没有严格的要求。而质询案则不同，对提出主体、形式要件、质询对象等都有相应的要求。所以质询案的答复，也应当遵守相关的要求。

根据监督法的规定，质询案由委员长会议或者主任会议决定交由受质询的机关答复。委员长会议或者主任会议决定的质询案的答复，包括以下几个方面的内容：一是交由受质询机关答复。常委会组成人员提出质询案，不能直接由受质询机关进行答复，而是要由委员长会议或者主任会议决定交由受质询的机关答复。二是答复的形式。受质询机关的答复形式，即口头答复还是书面答复，不是由受质询机关自己决定，而是由委员长会议或者主任会议决定。三是答复的场所。委员长会议或者主任会议决定受质询机关口头答复的，应明确在常委会会议上答复，还是在有关的专门委员会会议上答复。四是答复的时间。是在常委会会议期间答复，还是在闭会期间答复，以及具体的答复日期。一般来说，质询案应当在提出质询案的本次常委会会议期间答复。但是，如果提出质询的问题比较复杂，或者时间紧张受质询机关来不及准备，确实无法在本次常委会会议期间答复的，经委员长会议或者主任会议决定，并征求提质询案的常委会组成人员的意见，也可以在闭会期间提出书面答复或者在有关的专门委员会会议上答复。

委员长会议或者主任会议决定受质询机关在专门委员会会议上口头答复的，提出质询案的常委会组成人员有权列席会议，发表意见，即针对受质询机关的答复中不清楚的问题，提出要求进一步答复的意见，或者对答复是否满意发表意见。如果在发表意见的过程中提出新的问题，相当于提出新的质询，应当依法提出新的质询案。

受质询机关答复质询案后，委员长会议或者主任会议认为必要时，可以将答复质询案的情况报告印发常委会会议。答复质询案的情况报告，通常由承担该质询案具体工作的常委会工作机构或者有关专门委员会工作机构负责起草。

七十七、对质询案的答复不满意应当怎么办?

答：监督法第五十三条规定："提质询案的常务委员会组成人员的过半数对受质询机关的答复不满意的，可以提出要求，经委员长会议或者主任会议决定，由受质询机关再作答复。"

受质询机关应当严肃认真地对待质询案，按照委员长会议或者主任会议确定的方式、时间等作出答复。对于受质询机关的答复，常委会组成人员可能表示满意，也有可能表示不满意。为了充分发挥质询的监督作用，监督法明确规定，提质询案的常务委员会组成人员的过半数对受质询机关的答复不满意的，可以提出要求，经委员长会议或者主任会议决定，由受质询机关再作答复。如果有超过半数的提质询案的常委会组成人员对质询答复不满意，说明受质询机关没有认真对待，经委员长会议或者主任会议决定，受质询机关必须再作答复。再作答复是口头答复还是书面答复，也由委员长会议或者主任会议决定。

七十八、监督法对质询案的答复人员有什么要求?

答：监督法第五十四条规定："质询案以口头答复的，由受质询机关的负责人到会答复。质询案以书面答复的，由受质询机关的负责人签署。"根据这一规定，质询案的答复，在形式上分为两种。

一是口头答复。口头答复是指在人大常委会的会议上或者有关专门委员会的会议上，口头进行答复。口头答复，由受质询机关的负责人到人大常委会的会议上或者有关专门委员会的会议上，直接进行答复。

二是书面答复。书面答复是指受质询的机关通过书面的形式，对质询案提出的问题进行答复。书面答复的，由受质询机关的负责人签署。

以上两种答复形式，都明确要求受质询机关的"负责人"出面，不是直接到场口头答复，就是签署书面答复。这里的"负责人"，是指受质询机关的正职领导人和副职领导人，包括政府及其部门正副职领导人、监察委员会主任或者副主任、人民法院院长或者副院长、人民检察院检察长或者副检察长。需要注意的是，这里的"负责人"，不包括受质询机关的内设机构以及下属机构的领导人员。

第七章

特定问题调查

什么是特定问题调查？特定问题调查委员会与一般的调查研究组织有什么不同？

特定问题调查委员会提出的报告应当如何处理？

七十九、什么是特定问题调查？特定问题调查委员会与一般的调查研究组织有什么不同？

答：特定问题调查是国家权力机关为了行使职权，就某一专门问题进行的调查活动，是国家权力机关行使监督权的一种重要手段。

特定问题调查委员会不同一般的调查研究组织，主要有五个方面的不同。

第一，提出组织特定问题调查委员会主体和程序的法定性。监督法第五十六条规定："委员长会议或者主任会议可以向本级人民代表大会常务委员会提议组织关于特定问题的调查委员会，提请常务委员会审议。五分之一以上常务委员会组成人员书面联名，可以向本级人民代表大会常务委员会提议组织关于特定问题的调查委员会，由委员长会议或者主任会议决定提请常务委员会审议，或者先交有关的专门委员会审议、提出报告，再决定提请常务委员会审议。"

第二，组织特定问题调查委员会条件的特定性。法律对组织特定问题调查委员会的条件作了严格的规定，需要具备三个条件，一是常委会职权范围内的事项；二是需要作出决议、决定；三是有关重大事实不清楚的。符合这三个条件的，人大常委会方可组织特定问题的调查委员会。因为组织特定问题调查委员会是一种重大的举动，需要慎重，不宜轻易启动。

第三，特定问题调查委员会性质的临时性。特定问题调查委员会不是人大常设性监督组织，而是因对某一特定事项进行监督需要依法成立的临时性监督组织，自身无决定权，其职能是就特定的问题进行调查，向本级人大常委会提出调查报告，常委会根据报告，可以作出相应的决议、决定。监督任务完成后即行解散。因此，具有时间上的临时性、任务上的单一性、职权上的专门性等特征。

第四，特定问题调查委员会组成的严格性。根据监督法第五十七条的规定，特定问题调查委员会由主任委员、副主任委员和委员组成，由委员长会议或者主任会议在本级人民代表大会常务委员会组成人员和本级人民代表大会代表中提名，提请常委会审议通过。特定问题调查委员会可以聘请有关专家参加调查工作。与调查的问题有利害关系的常委会组成人员和其他人员不得参加。

第五，特定问题调查委员会调查的权威性。特定问题调查委员会有权向与调查的问题有关的国家机关、社会团体、企业事业组织和公民个人进行调查，被调查者要承担如实提供必要材料的义务，不得拒绝，不得伪造、篡改、毁灭应提供的证据材料，并对提供的材料负相应的责任。人大常委会依据特定问题调查委员会报告作出的决议、决定具有法定效力。

八十、特定问题调查委员会提出的报告应当如何处理？

答：监督法第五十九条规定："调查委员会应当向产生它的常务委员会提出调查报告。常务委员会根据报告，可以作出相应的决议、决定。"

特定问题调查委员会是人大常委会为调查清楚某一特定问题而临时设立的特别工作机构，是为人大常委会服务的机构。因此，调查委员会在调查工作结束后，应当及时向组织它的人大常委会提出调查报告。调查报告应当对当时设立调查委员会的理由作出回答，一般应当包括调查过程、调查结论、结论依据及处理建议等。

调查委员会的调查报告，一般按照以下程序处理：（1）由委员长会议或者主任会议决定将调查委员会的报告列入常委会会议议程；（2）常委会全体会议听取调查委员会作调查情况的报告；（3）常委会会议对调查委员会的报告进行审议讨论，提出意见，调查委员会成员可以对常委会组成人员审议中提出的问题，作必要的解释、说明；（4）常委会会议根据情况，可以对有关特定问题作出决议、决定。但是，对撤职案所组织的调查委员会，常委会应当根据调查委员会的调查报告，决定是否将撤职案提请常委会审议和作出决定。常委会决定不将撤职案提请常委会审议的，对该撤职案的处理即行结束。

第八章

撤职案的审议和决定

监督法对撤职案的审议和决定是怎样规定的？

人大常委会可以撤销哪些人员的职务？

哪些主体可以向人大常委会提出撤职案？

八十一、监督法对撤职案的审议和决定是怎样规定的?

答: 撤职即撤销职务，是对有违法违纪行为或者失职渎职的国家机关工作人员，在其任期届满或者正常卸任之前，撤销其所任职务。公务员法、政务处分法等法律也对有违法违纪行为的公务员、行使公权力的公职人员规定了给予包括撤职在内的处分。

1979 年 7 月 1 日五届全国人大二次会议通过的地方组织法，没有对地方人大常委会的撤职权作出规定，县级以上地方各级人大常委会不享有撤职的职权。1986 年 12 月修改地方组织法，增加了县级以上地方各级人大常委会行使有关人员的撤职权。增加人大常委会的撤职权，主要是考虑到在本级人大闭会期间，需要对个别国家机关工作人员违法违纪行为依法进行处理。由于地方组织法等法律对人大常委会行使撤职权的程序没有作出规定，需要予以规范。2006 年制定监督法时，为了适应地方人大常委会行使撤职权的需要，参照罢免案的提出和处理程序，对撤职案的适用人员、提出主体、审议和决定作出了明确规定，进一步完善了撤职制度。这对完善人大常委会监督制度，加强对国家机关工作人员的监督，增强人大常委会监督实效，具有积极意义。

八十二、人大常委会可以撤销哪些人员的职务?

答: 监督法第六十条规定:“县级以上地方各级人民代表大会常务委员会在本级人民代表大会闭会期间，可以决定撤销本级人民政府个别副省长、自治区副主席、副市长、副州长、副县长、副区长的职务；可以撤销由它任命的本级人民政府其他组成人员和监察委员会副主任、委员，人民法院副院长、庭长、副庭长、审判委员会委员、审判员，人民检察院副检察长、检察委员会委员、检察员，中级人民法院院长，人民检察院分院检察长的职务。”根据这一规定，县级以上地方各级人大常委会有权撤销以下四类人员的职务。

一是本级政府的个别副职领导人员。地方组织法关于县级以上地方各级人大常委会行使的职权中规定，“在本级人民代表大会闭会期间，决定副省长、自治区副主席、副市长、副州长、副县长、副区长的个别任免”。对于本级政府的副职领导人员，本级人大常委会可以“个别任免”，因而也可以“个别撤职”。“个别撤职”并不限于由本级人大常委会个别任命产生的本级政府副职领导人，对于由大会选举产生的政府副职领导人，本级人大常委会也可以作出“个别撤职”的决定。至于“个别”的具体数额，法律没有明确规定，实际执行中以在两次大会之间一次常委会会议决定任免的政府副职领导人员以一名为宜，不能在每一次常委会会议上都安排个别任免。因此，“个别撤职”应当理解为在两次人大会议之间，人大常委会会议有权决定撤销本级政府的一名副职领导人为宜。

二是本级政府除正、副职领导人员以外的其他组成人员。根据地方组织法的规定，政府除正职、副职领导人以外的其他组成人员，包括秘书长、厅长、局长、委员会主任、科长等。对于上述人员，本级人大常委会有权任免，因此也有权决定撤职。对于这部分政府组成人员，本级人民代表大会还有权罢免。

三是本级监察委员会的副主任、委员。

四是除地方各级人民法院院长、人民检察院检察长以外的由人大常委会任命的审判、检察人员。

八十三、哪些主体可以向人大常委会提出撤职案？

答：根据监督法规定，可以向本级人大常委会提出撤职案的主体有以下三类。

一是县级以上地方各级人民政府、监察委员会、人民法院和人民检察院。县级以上地方各级人民政府、监察委员会、人民法院和人民检察院即“一府一委两院”，是本级人大常委会会议决定任命的所属国家机关工作人员的供职单位，对他们的工作履职情况，比较熟悉了解，赋予其向本级人大常委会提出撤职案的权力，有利于及时、主动地对所属国家机关工作人员进行监督，一旦发现有违法违纪、失职渎职行为需要撤销现任职务的，就可以及时启动撤职程序。这些国家机关提出撤职案，应由本级人民政府正职领导人员、监察委员会主任、人民法院院长和人民检察院检察长提出。

二是县级以上地方各级人大常委会主任会议。主任会议可以提出撤职案，是贯彻党管理监督干部的重要举措。对于常委会会议决定任命的国家机关工作人员，有关部门经调查核实，发现有违法违纪、失职渎职等情况而需要撤销其职务的，可通过主任会议向本级人大常委会提出撤职案。

三是县级以上地方各级人大常委会五分之一以上的组成人员联名提出。常委会组成人员在集体行使监督职权的过程中，发现本级人大常委会会议决定任命的国家机关工作人员有需要撤职情形的，可以联名提出撤职案，启动撤职程序。联名提出撤职案的法定人数是本级人大常委会全体组成人员的五分之一以上。

“一府一委两院”和主任会议提出的撤职案，由于有关部门事先已经开展了大量的调查取证工作，通常事实清楚、证据确凿，应当直接提请常委会审议。对于常委会五分之一以上组成人员书面联名提出的撤职案，由于涉及指控的事实是否成立、证据是否确凿等问题，需要由主任会议研究决定是否提请常务委员会审议；或者由主任会议提议，经全体会议决定，组织调查委员会，由以后的常务委员会会议根据调查委员会的报告审议决定。

八十四、监督法对提出撤职案在形式和内容上有什么要求？

答：监督法第六十二条第一款规定：“撤职案应当写明撤职的对象和理由，并提供有关的材料。”

撤职案是议案的一种，提请人大常委会审议的议案，都应当有案由、案据和方案。撤职对象，就是被要求撤销职务的人员的姓名和所任职务；撤职理由，就是提出撤职案所依据的事实和法律依据。

提出撤职案除了应当写明撤职的对象和理由，还应当提供有关材料。有关材料，主要是有关撤职对象存在的违法违纪、失职渎职的事实、证据等，以支持撤职理由。事实应当清楚、证据应当确凿。有关材料作为撤职案的附件，应当一并提交。

八十五、被提出撤职的人员是否可以进行申辩？撤职案的表决、通过有什么要求？

答：（一）关于被提出撤职人员的申辩

列入地方人大常委会会议议程的撤职案，由常委会全体会议、分组会议进行审议。地方人大常委会组成人员可以就撤职案的事实是否清楚、证据是否确凿、理由是否充分、适用法律是否正确以及处理是否恰当等问题，发表意见和看法。在撤职案提请表决前，被提出撤职的人员有权在常委会会议上进行申辩，提出申辩意见，就撤职案所提出的事实、证据和理由等提出反驳意见，为自己进行申诉和辩护。被提出撤职人员的申辩，有两种形式：一是口头申辩，即被提出撤职的人员在常委会的全体会议或者分组会议上，通过口头语言直接表达其不予认可撤职案所涉事实、理由、证据等的意见；二是书面申辩，即通过书面形式，表达其不予认可撤职案所涉事实、理由、证据等的意见。对于被提出撤职的人员书面申辩意见，由主任会议决定印发常委会会议。赋予被撤职人员申辩的权利，有助于进一步查清有关事实和真相。如果被提出撤职的人员在申辩中提出了否定撤职理由的事实和证据，常委会主任会议应当责成有关部门认真研究、核实。

（二）关于撤职案的表决

撤职案经常委会组成人员审议，如果没有对撤职案提出相反的事实和证据，意见比较一致，主任会议应当将撤职案提请常委会全体会议表决。因为撤职案涉及对具体人的处理，为便于常委会组成人员真实地表达自己的意见和观点，防止可能存在的打击报复等情形，监督法第六十二条第三款明确规定，撤职案的表决采用无记名投票的方式。所谓无记名投票，是指采取投票的方式进行选举或者表决时，选举人或者表决人不必在选票或者表决票上署名，并由本人亲自将选票或者表决票投入票箱的方式。无记名投票方式，有利于选举人或者表决人消除顾虑，完全按照自己的意志行使选举权或者表决权。撤职案的表决，以常委会全体组成人员的“过半数”，方为通过，即投票赞成撤职案的人数，必须超过常委会全体组成人员的一半。

第九章

附　则

修改后的监督法对年度监督工作计划作了什么规定?

省级地方人大常委会应当如何制定监督法的实施办法?

新修改的监督法何时施行?

八十六、修改后的监督法对年度监督工作计划作了什么规定？

答： 2006 年制定监督法时，对人大常委会“听取和审议专项工作报告”和“执法检查”这两种经常性的监督形式，规定了需要制定“年度计划”。

本次修改监督法，根据多年来的实践做法，将有关条款的内容进行整合，在附则中专门增加一条，即第六十三条规定：“各级人民代表大会常务委员会制定年度监督工作计划，加强工作统筹，综合运用听取和审议专项工作报告、执法检查、专题询问、专题调研等方式进行监督，增强监督工作的针对性、协调性、实效性。”“年度监督工作计划由委员长会议或者主任会议通过并向社会公布。”“年度监督工作计划可以根据实际需要作出适当调整。”

八十七、省级地方人大常委会应当如何制定监督法的实施办法？

答： 监督法第六十四条规定：“省、自治区、直辖市的人民代表大会常务委员会可以根据本法和有关法律，结合本地实际情况，制定实施办法。”

省级人大常委会制定监督法实施办法，需要注意以下事项。一是监督法等法律已经作出明确规定的，应当及时制定实施办法。如修改后的监督法第四十条规定：“县级以上地方各级人民代表大会常务委员会审查、撤销下一级人民代表大会及其常务委员会作出的不适当的决议、决定和本级人民政府、监察委员会、人民法院、人民检察院制定的不适当的规范性文件的程序，由省、自治区、直辖市的人民代表大会常务委员会参照《中华人民共和国立法法》和全国人民代表大会常务委员会的有关决定，作出具体规定。”《全国人民代表大会常务委员会关于完善和加强备案审查制度的决定》第二十二条第二款规定：“省、自治区、直辖市的人民代表大会常务委员会根据有关法律，参照本决定制定本地区有关规范性文件备案审查的规定。”二是监督法等法律没有作出明确规定的，可以根据当地实际情况，制定实施办法，对相关监督工作作出具体的、细化的规定。三是各地在制定或者修改监督法实施办法时，应当从我国的国情和本地区的实际情况出发，坚持正确的政治方向，把坚持党的领导、人民当家作主和依法治国有机结合起来，实行正确监督、有效监督、依法监督。坚持不同宪法、法律、行政法规相抵触的原则，保证宪法、法律、行政法规和上级人大及其常委会决议的遵守和执行，维护国家法治统一、尊严、权威，促进依法行政、依法监察、公正司法。

八十八、新修改的监督法何时施行？

答：监督法于 2006 年 8 月 27 日由十届全国人大常委会第二十三次会议通过，自 2007 年 1 月 1 日起施行。本次监督法修改，在维持现有框架结构、主要制度的基础上，采用修改决定的方式，对部分条文内容进行修改。因此，本次修改后的监督法的施行日期仍然是 2007 年 1 月 1 日，修改部分则从修改决定公布之日起施行。

附　录

中华人民共和国主席令（第三十九号）

全国人民代表大会常务委员会关于修改《中华人民共和国各级人民代表大会常务委员会监督法》的决定

中华人民共和国各级人民代表大会常务委员会监督法

中华人民共和国主席令

第三十九号

《全国人民代表大会常务委员会关于修改〈中华人民共和国各级人民代表大会常务委员会监督法〉的决定》已由中华人民共和国第十四届全国人民代表大会常务委员会第十二次会议于2024年11月8日通过，现予公布，自公布之日起施行。

中华人民共和国主席　习近平

2024年11月8日

全国人民代表大会常务委员会关于修改《中华人民共和国各级人民代表大会常务委员会监督法》的决定

（2024 年 11 月 8 日第十四届全国人民代表大会常务委员会第十二次会议通过）

第十四届全国人民代表大会常务委员会第十二次会议决定对《中华人民共和国各级人民代表大会常务委员会监督法》作如下修改：

一、将第一条修改为："为了保障全国人民代表大会常务委员会和县级以上地方各级人民代表大会常务委员会依法行使监督职权，坚持好、完善好、运行好人民代表大会制度，发展社会主义民主政治，推进全面依法治国，根据宪法，制定本法。"

二、将第三条改为两条，分别作为第三条、第四条，修改为：

"第三条　各级人民代表大会常务委员会行使监督职权，应当坚持中国共产党的领导，坚持以马克思列宁主义、毛泽东思想、邓小平理论、'三个代表'重要思想、科学发展观、习近平新时代中国特色社会主义思想为指导，坚持中国特色社会主义道路，确保宪法和法律、法规得到全面有效实施，确保行政权、监察权、审判权、检察权依法正确行使。

"第四条　各级人民代表大会常务委员会行使监督职权，应当围绕党和国家工作大局，以经济建设为中心，坚持改革开放，贯彻新发展理念，推动高质量发展，保障全面建设社会主义现代化国家、以中国式现代化全面推进中华民族伟大复兴。”

三、增加一条，作为第五条：“全国人民代表大会常务委员会监督宪法和法律的实施，地方各级人民代表大会及其常务委员会在本行政区域内保证宪法、法律、行政法规和上级人民代表大会及其常务委员会决议的遵守和执行，维护国家法治统一、尊严、权威。”

四、将第五条改为第六条，修改为：“各级人民代表大会常务委员会对本级人民政府、监察委员会、人民法院和人民检察院的工作实施监督，实行正确监督、有效监督、依法监督，促进依法行政、依法监察、公正司法。

“各级人民政府、监察委员会、人民法院和人民检察院应当严格依法行使职权、履行职责、开展工作，自觉接受本级人民代表大会常务委员会的监督。”

五、增加一条，作为第七条：“各级人民代表大会常务委员会行使监督职权，应当坚持和发展全过程人民民主，尊重和保障人权，维护和促进社会公平正义。

“各级人民代表大会常务委员会应当扩大人民代表大会代表对监督工作的参与，充分发挥代表作用。”

六、将第二章章名修改为“听取和审议专项工作报告”。

七、将第八条第二款、第二十三条第一款合并，作为第九章第六十三条，修改为：“各级人民代表大会常务委员会制定年度监督工作计划，加强工作统筹，综合运用听取和审议专项工作报告、执法检查、专题询问、专题调研等方式进行监督，增强监督工作的针对性、协调性、实效性。

“年度监督工作计划由委员长会议或者主任会议通过并向社会公布。

“年度监督工作计划可以根据实际需要作出适当调整。”

八、将第九条改为第十二条，增加一款，作为第三款：“常务委员会根据法律规定，听取和审议本级人民政府关于环境状况和环境保护目标完成情况的报告。”

九、将第十条改为第十三条，增加一款，作为第三款：“常务委员会听取和审议专项工作报告前，本级人民代表大会有关专门委员会或者常务委员会有关工作机构可以进行专题调查研究，提出报告并印发常务委员会会议。”

十、将第十三条改为第十六条，增加一款，作为第二款：“委员长会议或者主任会议可以决定将报告交有关专门委员会审议。”

十一、将第十四条改为第十七条，增加一款，作为第二款：“委员长会议或者主任会议可以决定将审议意见研究处理情况或者执行决议情况的报告提请常务委员会审议。必要时，常务委员会可以组织开展跟踪监督。”

十二、将第三章章名修改为“财政经济工作监督”。

十三、增加一条，作为第十八条：“本法所称财政经济工作监督，是指常务委员会依法对下列事项进行监督：

“（一）审查和批准本级决算；

“（二）国民经济和社会发展五年规划纲要实施情况，国民经济和社会发展计划执行情况；

“（三）预算执行情况；

“（四）审查和批准国民经济和社会发展五年规划纲要、计划的调整方案；

“（五）审查和批准预算调整方案；

“（六）国有资产管理情况；

“（七）政府债务管理情况；

“（八）金融工作情况；

“（九）预算执行和其他财政收支的审计工作情况、审计查出问题整改情况；

“（十）财政经济领域其他重要事项。”

十四、将第十七条改为第二十二条，删去第二款、第三款。

十五、将第十八条改为第二十一条，修改为：“常务委员会根据《中华人民共和国预算法》和全国人民代表大会常务委员会的有关决定，确定对决算草案和预算执行情况报告的重点审查内容。”

十六、增加三条，分别作为第二十四条、第二十五条、第二十六条：

“第二十四条　常务委员会应当对国有资产管理情况进行监督，建立健全国有资产管理情况报告制度。

“国务院和县级以上地方各级人民政府应当每年向本级人民代表大会常务委员会报告国有资产管理情况。

“第二十五条　常务委员会应当对政府债务进行监督，建立健全政府债务管理情况报告制度。

“国务院和县级以上地方各级人民政府应当每年向本级人民代表大会常务委员会报告政府债务管理情况。

“第二十六条　常务委员会应当对金融工作进行监督，建立健全金融工作情况报告制度。

“国务院应当每年向全国人民代表大会常务委员会报告金融工作有关情况。”

十七、将第十九条改为第二十七条，增加一款，作为第二款：“常务委员会在听取和审议审计工作报告后的六个月内，听取和审议本级人民政府关于审计查出问题整改情况的报告。常务委员会认为必要时，可以对审计工作报告、审计查出问题整改情况报告作出决议。”

十八、增加一条，作为第二十八条：“常务委员会开展财政经济工作监督，可以组织开展专题调查研究，提出报告。

“专题调查研究报告印发常务委员会会议；必要时，委员长会议或者主任会议可以决定将有关专题调查研究报告提请常务委员会审议。”

十九、将第二十条改为第二十九条，修改为：“常务委员会组成人员对本章规定的有关报告的审议意见交由本级人民政府研究处理。人民政府应当将研究处理情况由其办事机构送交本级人民代表大会有关专门委员会或者常务委员会有关工作机构征求意见后，向常务委员会提出书面报告。常务委员会认为必要时，可以对有关报告作出决议；本级人民政府应当在决议规定的期限内，将执行决议的情况向常务委员会报告。

“委员长会议或者主任会议可以决定将审议意见研究处理情况或者执行决议情况的报告提请常务委员会审议。必要时，常务委员会可以组织开展跟踪监督。

“常务委员会听取的本章规定的有关报告及审议意见，人民政府对审议意见研究处理情况或者执行决议情况的报告，向本级人民代表大会代表通报并向社会公布。”

二十、增加一条，作为第三十条：“常务委员会运用现代信息技术开展联网监督，建立健全信息共享和工作贯通协调机制，提高财政经济工作监督效能。”

二十一、将第二十三条改为第三十二条，增加一款，作为第二款：“执法检查前，本级人民代表大会有关专门委员会或者常务委员会有关工作机构可以对重点问题开展专题调查研究。”

二十二、将第二十五条改为第三十四条，增加两款，分别作为第二款、第三款：“上级人民代表大会常务委员会根据需要，可以与下级人民代表大会常务委员会联动开展执法检查。

“有关地方人民代表大会常务委员会根据区域协调发展的需要，可以协同开展执法检查。”

二十三、增加一条，作为第三十五条：“执法检查可以采取座谈会、实地检查、第三方评估、问卷调查或者抽查等形式，深入了解情况，广泛听取意见。”

二十四、将第二十七条改为第三十七条，修改为：“常务委员会组成人员对执法检查报告的审议意见及执法检查报告交由本级人民政府、监察委员会、人民法院或者人民检察院研究处理。人民政府、监察委员会、人民法院或者人民检察院应当将研究处理情况由其办事机构送交本级人民代表大会有关专门委员会或者常务委员会有关工作机构征求意见后，向常务委员会提出书面报告。常务委员会认为必要时，可以对执法检查报告作出决议；本级人民政府、监察委员会、人民法院或者人民检察院应当在决议规定的期限内，将执行决议的情况向常务委员会报告。

“委员长会议或者主任会议可以决定将人民政府、监察委员会、人民法院或者人民检察院对执法检查报告及审议意见研究处理情况或者执行决议情况的报告提请常务委员会审议。必要时，常务委员会可以组织跟踪检查，也可以委托本级人民代表大会有关专门委员会或者常务委员会有关工作机构组织跟踪检查。

“常务委员会的执法检查报告及审议意见，人民政府、监察委员会、人民法院或者人民检察院对其研究处理情况或者执行决议情况的报告，向本级人民代表大会代表通报并向社会公布。”

二十五、将第二十八条改为第三十八条，修改为：“行政法规、监察法规、地方性法规、自治条例和单行条例、规章等的备案、审查和撤销，依照《中华人民共和国立法法》和全国人民代表大会常务委员会的有关决定办理。”

二十六、将第二十九条改为第四十条，修改为：“县级以上地方各级人民代表大会常务委员会审查、撤销下一级人民代表大会及其常务委员会作出的不适当的决议、决定和本级人民政府、监察委员会、人民法院、人民检察院制定的不适当的规范性文件的程序，由省、自治区、直辖市的人民代表大会常务委员会参照《中华人民共和国立法法》和全国人民代表大会常务委员会的有关决定，作出具体规定。”

二十七、将第三十二条改为第四十二条，修改为：“国务院、中央军事委员会、国家监察委员会和省、自治区、直辖市的人民代表大会常务委员会认为最高人民法院、最高人民检察院作出的具体应用法律的解释同宪法或者法律相抵触，或者存在合宪性、合法性问题的，最高人民法院、最高人民检察院之间认为对方作出的具体应用法律的解释同宪法或者法律相抵触，或者存在合宪性、合法性问题的，可以向全国人民代表大会常务委员会书面提出进行审查的要求，由全国人民代表大会有关专门委员会和常务委员会工作机构进行审查、提出意见。

“前款规定以外的其他国家机关和社会团体、企业事业组织以及公民认为最高人民法院、最高人民检察院作出的具体应用法律的解释同宪法或者法律相抵触的，可以向全国人民代表大会常务委员会书面提出进行审查的建议，由常务委员会工作机构进行审查；必要时，送有关专门委员会进行审查、提出意见。

“全国人民代表大会有关专门委员会、常务委员会工作机构可以对报送备案的具体应用法律的解释进行主动审查，并可以根据需要进行专项审查。”

二十八、将第三十三条改为第四十三条，修改为：“全国人民代表大会宪法和法律委员会、有关专门委员会、常务委员会工作机构经审查认为最高人民法院或者最高人民检察院作出的具体应用法律的解释同宪法或者法律相抵触，或者存在合宪性、合法性问题需要修改或者废止，而最高人民法院或者最高人民检察院不予修改或者废止的，应当提出撤销或者要求最高人民法院或者最高人民检察院予以修改、废止的议案、建议，或者提出由全国人民代表大会常务委员会作出法律解释的议案、建议，由委员长会议决定提请常务委员会审议。”

二十九、增加两条，分别作为第四十四条、第四十五条：

“第四十四条　备案审查机关应当建立健全备案审查衔接联动机制，对应当由其他机关处理的审查要求或者审查建议，及时移送有关机关处理。

“第四十五条　常务委员会应当每年听取和审议备案审查工作情况报告。”

三十、将第六章章名修改为“询问、专题询问和质询”。

三十一、增加四条，分别作为第四十七条、第四十八条、第四十九条、第五十条：

“第四十七条　各级人民代表大会常务委员会围绕关系改革发展稳定大局和群众切身利益、社会普遍关注的重大问题，可以召开全体会议、联组会议或者分组会议，进行专题询问。本级人民政府及其有关部门、监察委员会、人民法院或者人民检察院的负责人应当到会，听取意见，回答询问。

“第四十八条　专题询问应当坚持问题导向，增强针对性、实效性，积极回应社会关切。

“专题询问可以结合审议专项工作报告、执法检查报告或者其他报告进行。

“第四十九条　常务委员会开展专题询问前，可以组织开展专题调查研究，深入了解情况，广泛听取意见。

“常务委员会办事机构应当及时将有关专题调查研究报告和汇总的有关方面意见发给常务委员会组成人员。

“第五十条　专题询问中提出的意见交由有关国家机关研究处理，有关国家机关应当及时向常务委员会提交研究处理情况报告。必要时，委员长会议或者主任会议可以决定将研究处理情况报告提请常务委员会审议。”

三十二、对部分条文作以下修改：

（一）在第八条第一款、第九条、第十一条、第十二条第一款、第十三条、第十四条、第三十四条、第三十五条第一款、第四十五条第一款中的“人民法院”之前增加“监察委员会”，在第四十四条中的“本级人民政府其他组成人员和”之后增加“监察委员会副主任、委员”。

（二）将第九条第一款中的“根据下列途径”修改为“根据有关法律的规定和下列途径”。

（三）将第十五条第三款中的“调整数或者变更数”修改为“调整预算数”，“实际执行数”修改为“决算数”。

（四）将第二十一条中的“规划”修改为“规划纲要”。

（五）在第二十二条、第二十五条、第二十六条第二款第一项中的“法律、法规”后增加“或者相关法律制度”。

（六）删去第二十四条第一款中的“根据年度执法检查计划”，在第二款中的“本级人民代表大会有关专门委员会组成人员”后增加“或者常务委员会有关工作机构的人员”。

（七）将第三十条中的“本级人民政府发布的决定、命令”修改为“本级人民政府、监察委员会、人民法院、人民检察院制定的规范性文件”。

本决定自公布之日起施行。

《中华人民共和国各级人民代表大会常务委员会监督法》根据本决定作相应修改并对条文顺序作相应调整，重新公布。

中华人民共和国各级人民代表大会常务委员会监督法

（2006 年 8 月 27 日第十届全国人民代表大会常务委员会第二十三次会议通过　根据 2024 年 11 月 8 日第十四届全国人民代表大会常务委员会第十二次会议《关于修改〈中华人民共和国各级人民代表大会常务委员会监督法〉的决定》修正）

目　　录

第一章　总　　则

第一条　为了保障全国人民代表大会常务委员会和县级以上地方各

级人民代表大会常务委员会依法行使监督职权，坚持好、完善好、运行好人民代表大会制度，发展社会主义民主政治，推进全面依法治国，根据宪法，制定本法。

第二条 各级人民代表大会常务委员会依据宪法和有关法律的规定，行使监督职权。

各级人民代表大会常务委员会行使监督职权的程序，适用本法；本法没有规定的，适用有关法律的规定。

第三条 各级人民代表大会常务委员会行使监督职权，应当坚持中国共产党的领导，坚持以马克思列宁主义、毛泽东思想、邓小平理论、“三个代表”重要思想、科学发展观、习近平新时代中国特色社会主义思想为指导，坚持中国特色社会主义道路，确保宪法和法律、法规得到全面有效实施，确保行政权、监察权、审判权、检察权依法正确行使。

第四条 各级人民代表大会常务委员会行使监督职权，应当围绕党和国家工作大局，以经济建设为中心，坚持改革开放，贯彻新发展理念，推动高质量发展，保障全面建设社会主义现代化国家、以中国式现代化全面推进中华民族伟大复兴。

第五条 全国人民代表大会常务委员会监督宪法和法律的实施，地方各级人民代表大会及其常务委员会在本行政区域内保证宪法、法律、行政法规和上级人民代表大会及其常务委员会决议的遵守和执行，维护国家法治统一、尊严、权威。

第六条 各级人民代表大会常务委员会对本级人民政府、监察委员会、人民法院和人民检察院的工作实施监督，实行正确监督、有效监督、依法监督，促进依法行政、依法监察、公正司法。

各级人民政府、监察委员会、人民法院和人民检察院应当严格依法行使职权、履行职责、开展工作，自觉接受本级人民代表大会常务委员会的监督。

第七条 各级人民代表大会常务委员会行使监督职权，应当坚持和发展全过程人民民主，尊重和保障人权，维护和促进社会公平正义。

各级人民代表大会常务委员会应当扩大人民代表大会代表对监督工作的参与，充分发挥代表作用。

第八条　各级人民代表大会常务委员会按照民主集中制的原则，集体行使监督职权。

第九条　各级人民代表大会常务委员会行使监督职权的情况，应当向本级人民代表大会报告，接受监督。

第十条　各级人民代表大会常务委员会行使监督职权的情况，向社会公开。

第二章　听取和审议专项工作报告

第十一条　各级人民代表大会常务委员会每年选择若干关系改革发展稳定大局和群众切身利益、社会普遍关注的重大问题，有计划地安排听取和审议本级人民政府、监察委员会、人民法院和人民检察院的专项工作报告。

第十二条　常务委员会听取和审议本级人民政府、监察委员会、人民法院和人民检察院的专项工作报告的议题，根据有关法律的规定和下列途径反映的问题确定：

（一）本级人民代表大会常务委员会在执法检查中发现的突出问题；

（二）本级人民代表大会代表对人民政府、监察委员会、人民法院和人民检察院工作提出的建议、批评和意见集中反映的问题；

（三）本级人民代表大会常务委员会组成人员提出的比较集中的问题；

（四）本级人民代表大会专门委员会、常务委员会工作机构在调查研究中发现的突出问题；

（五）人民来信来访集中反映的问题；

（六）社会普遍关注的其他问题。

人民政府、监察委员会、人民法院和人民检察院可以向本级人民代表大会常务委员会要求报告专项工作。

常务委员会根据法律规定，听取和审议本级人民政府关于环境状况和环境保护目标完成情况的报告。

第十三条　常务委员会听取和审议专项工作报告前，委员长会议或者主任会议可以组织本级人民代表大会常务委员会组成人员和本级人民代表大会代表，对有关工作进行视察或者专题调查研究。

常务委员会可以安排参加视察或者专题调查研究的代表列席常务委员会会议，听取专项工作报告，提出意见。

常务委员会听取和审议专项工作报告前，本级人民代表大会有关专门委员会或者常务委员会有关工作机构可以进行专题调查研究，提出报告并印发常务委员会会议。

第十四条　常务委员会听取和审议专项工作报告前，常务委员会办事机构应当将各方面对该项工作的意见汇总，交由本级人民政府、监察委员会、人民法院或者人民检察院研究并在专项工作报告中作出回应。

第十五条　人民政府、监察委员会、人民法院或者人民检察院应当在常务委员会举行会议的二十日前，由其办事机构将专项工作报告送交本级人民代表大会有关专门委员会或者常务委员会有关工作机构征求意见；人民政府、监察委员会、人民法院或者人民检察院对报告修改后，在常务委员会举行会议的十日前送交常务委员会。

常务委员会办事机构应当在常务委员会举行会议的七日前，将专项工作报告发给常务委员会组成人员。

第十六条　专项工作报告由人民政府、监察委员会、人民法院或者人民检察院的负责人向本级人民代表大会常务委员会报告，人民政府也可以委托有关部门负责人向本级人民代表大会常务委员会报告。

委员长会议或者主任会议可以决定将报告交有关专门委员会审议。

第十七条　常务委员会组成人员对专项工作报告的审议意见交由本级人民政府、监察委员会、人民法院或者人民检察院研究处理。人民政府、监察委员会、人民法院或者人民检察院应当将研究处理情况由其办事机构送交本级人民代表大会有关专门委员会或者常务委员会有关工作机构征求意见后，向常务委员会提出书面报告。常务委员会认为必要时，可以对专项工作报告作出决议；本级人民政府、监察委员会、人民法院或者人民检察院应当在决议规定的期限内，将执行决议的情况向常务委员会报告。

委员长会议或者主任会议可以决定将审议意见研究处理情况或者执行决议情况的报告提请常务委员会审议。必要时，常务委员会可以组织开展跟踪监督。

常务委员会听取的专项工作报告及审议意见，人民政府、监察委员会、人民法院或者人民检察院对审议意见研究处理情况或者执行决议情况的报告，向本级人民代表大会代表通报并向社会公布。

第三章　财政经济工作监督

第十八条　本法所称财政经济工作监督，是指常务委员会依法对下列事项进行监督：

（一）审查和批准本级决算；

（二）国民经济和社会发展五年规划纲要实施情况，国民经济和社会发展计划执行情况；

（三）预算执行情况；

（四）审查和批准国民经济和社会发展五年规划纲要、计划的调整方案；

（五）审查和批准预算调整方案；

（六）国有资产管理情况；

（七）政府债务管理情况；

（八）金融工作情况；

（九）预算执行和其他财政收支的审计工作情况、审计查出问题整改情况；

（十）财政经济领域其他重要事项。

第十九条　国务院应当在每年六月，将上一年度的中央决算草案提请全国人民代表大会常务委员会审查和批准。

县级以上地方各级人民政府应当在每年六月至九月期间，将上一年度的本级决算草案提请本级人民代表大会常务委员会审查和批准。

决算草案应当按照本级人民代表大会批准的预算所列科目编制，按预算数、调整预算数以及决算数分别列出，并作出说明。

第二十条　国务院和县级以上地方各级人民政府应当在每年六月至九月期间，向本级人民代表大会常务委员会报告本年度上一阶段国民经济和社会发展计划、预算的执行情况。

第二十一条　常务委员会根据《中华人民共和国预算法》和全国人民代表大会常务委员会的有关决定，确定对决算草案和预算执行情况报告的重点审查内容。

第二十二条　国民经济和社会发展计划、预算经人民代表大会批准后，在执行过程中需要作部分调整的，国务院和县级以上地方各级人民政府应当将调整方案提请本级人民代表大会常务委员会审查和批准。

第二十三条　国民经济和社会发展五年规划纲要经人民代表大会批准后，在实施的中期阶段，人民政府应当将规划纲要实施情况的中期评估报告提请本级人民代表大会常务委员会审议。规划纲要经中期评估需要调整的，人民政府应当将调整方案提请本级人民代表大会常务委员会审查和批准。

第二十四条　常务委员会应当对国有资产管理情况进行监督，建立健全国有资产管理情况报告制度。

国务院和县级以上地方各级人民政府应当每年向本级人民代表大会常务委员会报告国有资产管理情况。

第二十五条　常务委员会应当对政府债务进行监督，建立健全政府债务管理情况报告制度。

国务院和县级以上地方各级人民政府应当每年向本级人民代表大会常务委员会报告政府债务管理情况。

第二十六条 常务委员会应当对金融工作进行监督，建立健全金融工作情况报告制度。

国务院应当每年向全国人民代表大会常务委员会报告金融工作有关情况。

第二十七条 常务委员会每年审查和批准决算的同时，听取和审议本级人民政府提出的审计机关关于上一年度预算执行和其他财政收支的审计工作报告。

常务委员会在听取和审议审计工作报告后的六个月内，听取和审议本级人民政府关于审计查出问题整改情况的报告。常务委员会认为必要时，可以对审计工作报告、审计查出问题整改情况报告作出决议。

第二十八条 常务委员会开展财政经济工作监督，可以组织开展专题调查研究，提出报告。

专题调查研究报告印发常务委员会会议；必要时，委员长会议或者主任会议可以决定将有关专题调查研究报告提请常务委员会审议。

第二十九条 常务委员会组成人员对本章规定的有关报告的审议意见交由本级人民政府研究处理。人民政府应当将研究处理情况由其办事机构送交本级人民代表大会有关专门委员会或者常务委员会有关工作机构征求意见后，向常务委员会提出书面报告。常务委员会认为必要时，可以对有关报告作出决议；本级人民政府应当在决议规定的期限内，将执行决议的情况向常务委员会报告。

委员长会议或者主任会议可以决定将审议意见研究处理情况或者执行决议情况的报告提请常务委员会审议。必要时，常务委员会可以组织开展跟踪监督。

常务委员会听取的本章规定的有关报告及审议意见，人民政府对审议意见研究处理情况或者执行决议情况的报告，向本级人民代表大会代表通报并向社会公布。

第三十条 常务委员会运用现代信息技术开展联网监督，建立健全信息共享和工作贯通协调机制，提高财政经济工作监督效能。

第四章　法律法规实施情况的检查

第三十一条　各级人民代表大会常务委员会参照本法第十二条规定的途径，每年选择若干关系改革发展稳定大局和群众切身利益、社会普遍关注的重大问题，有计划地对有关法律、法规或者相关法律制度实施情况组织执法检查。

第三十二条　常务委员会执法检查工作由本级人民代表大会有关专门委员会或者常务委员会有关工作机构具体组织实施。

执法检查前，本级人民代表大会有关专门委员会或者常务委员会有关工作机构可以对重点问题开展专题调查研究。

第三十三条　常务委员会按照精干、效能的原则，组织执法检查组。

执法检查组的组成人员，从本级人民代表大会常务委员会组成人员以及本级人民代表大会有关专门委员会组成人员或者常务委员会有关工作机构的人员中确定，并可以邀请本级人民代表大会代表参加。

第三十四条　全国人民代表大会常务委员会和省、自治区、直辖市的人民代表大会常务委员会根据需要，可以委托下一级人民代表大会常务委员会对有关法律、法规或者相关法律制度在本行政区域内的实施情况进行检查。受委托的人民代表大会常务委员会应当将检查情况书面报送上一级人民代表大会常务委员会。

上级人民代表大会常务委员会根据需要，可以与下级人民代表大会常务委员会联动开展执法检查。

有关地方人民代表大会常务委员会根据区域协调发展的需要，可以协同开展执法检查。

第三十五条　执法检查可以采取座谈会、实地检查、第三方评估、问卷调查或者抽查等形式，深入了解情况，广泛听取意见。

第三十六条　执法检查结束后，执法检查组应当及时提出执法检查报告，由委员长会议或者主任会议决定提请常务委员会审议。

执法检查报告包括下列内容：

（一）对所检查的法律、法规或者相关法律制度实施情况进行评价，提出执法中存在的问题和改进执法工作的建议；

（二）对有关法律、法规提出修改完善的建议。

第三十七条 常务委员会组成人员对执法检查报告的审议意见及执法检查报告交由本级人民政府、监察委员会、人民法院或者人民检察院研究处理。人民政府、监察委员会、人民法院或者人民检察院应当将研究处理情况由其办事机构送交本级人民代表大会有关专门委员会或者常务委员会有关工作机构征求意见后，向常务委员会提出书面报告。常务委员会认为必要时，可以对执法检查报告作出决议；本级人民政府、监察委员会、人民法院或者人民检察院应当在决议规定的期限内，将执行决议的情况向常务委员会报告。

委员长会议或者主任会议可以决定将人民政府、监察委员会、人民法院或者人民检察院对执法检查报告及审议意见研究处理情况或者执行决议情况的报告提请常务委员会审议。必要时，常务委员会可以组织跟踪检查，也可以委托本级人民代表大会有关专门委员会或者常务委员会有关工作机构组织跟踪检查。

常务委员会的执法检查报告及审议意见，人民政府、监察委员会、人民法院或者人民检察院对其研究处理情况或者执行决议情况的报告，向本级人民代表大会代表通报并向社会公布。

第五章 规范性文件的备案审查

第三十八条 行政法规、监察法规、地方性法规、自治条例和单行条例、规章等的备案、审查和撤销，依照《中华人民共和国立法法》和全国人民代表大会常务委员会的有关决定办理。

第三十九条 县级以上地方各级人民代表大会常务委员会对下一级人民代表大会及其常务委员会作出的决议、决定和本级人民政府、监察委员会、人民法院、人民检察院制定的规范性文件，经审查，认为有下列不适当的情形之一的，有权予以撤销：

（一）超越法定权限，限制或者剥夺公民、法人和其他组织的合法权利，或者增加公民、法人和其他组织的义务的；

（二）同法律、法规规定相抵触的；

（三）有其他不适当的情形，应当予以撤销的。

第四十条 县级以上地方各级人民代表大会常务委员会审查、撤销下一级人民代表大会及其常务委员会作出的不适当的决议、决定和本级人民政府、监察委员会、人民法院、人民检察院制定的不适当的规范性文件的程序，由省、自治区、直辖市的人民代表大会常务委员会参照《中华人民共和国立法法》和全国人民代表大会常务委员会的有关决定，作出具体规定。

第四十一条 最高人民法院、最高人民检察院作出的属于审判、检察工作中具体应用法律的解释，应当自公布之日起三十日内报全国人民代表大会常务委员会备案。

第四十二条 国务院、中央军事委员会、国家监察委员会和省、自治区、直辖市的人民代表大会常务委员会认为最高人民法院、最高人民检察院作出的具体应用法律的解释同宪法或者法律相抵触，或者存在合宪性、合法性问题的，最高人民法院、最高人民检察院之间认为对方作出的具体应用法律的解释同宪法或者法律相抵触，或者存在合宪性、合法性问题的，可以向全国人民代表大会常务委员会书面提出进行审查的要求，由全国人民代表大会有关专门委员会和常务委员会工作机构进行审查、提出意见。

前款规定以外的其他国家机关和社会团体、企业事业组织以及公民认为最高人民法院、最高人民检察院作出的具体应用法律的解释同宪法或者法律相抵触的，可以向全国人民代表大会常务委员会书面提出进行审查的建议，由常务委员会工作机构进行审查；必要时，送有关专门委员会进行审查、提出意见。

全国人民代表大会有关专门委员会、常务委员会工作机构可以对报送备案的具体应用法律的解释进行主动审查，并可以根据需要进行专项审查。

第四十三条 全国人民代表大会宪法和法律委员会、有关专门委员会、常务委员会工作机构经审查认为最高人民法院或者最高人民检察院作出的具体应用法律的解释同宪法或者法律相抵触，或者存在合宪性、合法性问题需要修改或者废止，而最高人民法院或者最高人民检察院不予修改或者废止的，应当提出撤销或者要求最高人民法院或者最高人民检察院予以修改、废止的议案、建议，或者提出由全国人民代表大会常务委员会作出法律解释的议案、建议，由委员长会议决定提请常务委员会审议。

第四十四条 备案审查机关应当建立健全备案审查衔接联动机制，对应当由其他机关处理的审查要求或者审查建议，及时移送有关机关处理。

第四十五条 常务委员会应当每年听取和审议备案审查工作情况报告。

第六章 询问、专题询问和质询

第四十六条 各级人民代表大会常务委员会会议审议议案和有关报告时，本级人民政府或者有关部门、监察委员会、人民法院或者人民检察院应当派有关负责人员到会，听取意见，回答询问。

第四十七条 各级人民代表大会常务委员会围绕关系改革发展稳定大局和群众切身利益、社会普遍关注的重大问题，可以召开全体会议、联组会议或者分组会议，进行专题询问。本级人民政府及其有关部门、监察委员会、人民法院或者人民检察院的负责人应当到会，听取意见，回答询问。

第四十八条 专题询问应当坚持问题导向，增强针对性、实效性，积极回应社会关切。

专题询问可以结合审议专项工作报告、执法检查报告或者其他报告进行。

第四十九条 常务委员会开展专题询问前，可以组织开展专题调查研究，深入了解情况，广泛听取意见。

常务委员会办事机构应当及时将有关专题调查研究报告和汇总的有关方面意见发给常务委员会组成人员。

第五十条 专题询问中提出的意见交由有关国家机关研究处理，有关国家机关应当及时向常务委员会提交研究处理情况报告。必要时，委员长会议或者主任会议可以决定将研究处理情况报告提请常务委员会审议。

第五十一条 全国人民代表大会常务委员会组成人员十人以上联名，省、自治区、直辖市、自治州、设区的市人民代表大会常务委员会组成人员五人以上联名，县级人民代表大会常务委员会组成人员三人以上联名，可以向常务委员会书面提出对本级人民政府及其部门和监察委员会、人民法院、人民检察院的质询案。

质询案应当写明质询对象、质询的问题和内容。

第五十二条 质询案由委员长会议或者主任会议决定交由受质询的机关答复。

委员长会议或者主任会议可以决定由受质询机关在常务委员会会议上或者有关专门委员会会议上口头答复，或者由受质询机关书面答复。在专门委员会会议上答复的，提质询案的常务委员会组成人员有权列席会议，发表意见。委员长会议或者主任会议认为必要时，可以将答复质询案的情况报告印发常务委员会会议。

第五十三条 提质询案的常务委员会组成人员的过半数对受质询机关的答复不满意的，可以提出要求，经委员长会议或者主任会议决定，由受质询机关再作答复。

第五十四条 质询案以口头答复的，由受质询机关的负责人到会答复。质询案以书面答复的，由受质询机关的负责人签署。

第七章　特定问题调查

第五十五条　各级人民代表大会常务委员会对属于其职权范围内的事项，需要作出决议、决定，但有关重大事实不清的，可以组织关于特定问题的调查委员会。

第五十六条　委员长会议或者主任会议可以向本级人民代表大会常务委员会提议组织关于特定问题的调查委员会，提请常务委员会审议。

五分之一以上常务委员会组成人员书面联名，可以向本级人民代表大会常务委员会提议组织关于特定问题的调查委员会，由委员长会议或者主任会议决定提请常务委员会审议，或者先交有关的专门委员会审议、提出报告，再决定提请常务委员会审议。

第五十七条　调查委员会由主任委员、副主任委员和委员组成，由委员长会议或者主任会议在本级人民代表大会常务委员会组成人员和本级人民代表大会代表中提名，提请常务委员会审议通过。调查委员会可以聘请有关专家参加调查工作。

与调查的问题有利害关系的常务委员会组成人员和其他人员不得参加调查委员会。

第五十八条　调查委员会进行调查时，有关的国家机关、社会团体、企业事业组织和公民都有义务向其提供必要的材料。

提供材料的公民要求对材料来源保密的，调查委员会应当予以保密。

调查委员会在调查过程中，可以不公布调查的情况和材料。

第五十九条　调查委员会应当向产生它的常务委员会提出调查报告。常务委员会根据报告，可以作出相应的决议、决定。

第八章　撤职案的审议和决定

第六十条　县级以上地方各级人民代表大会常务委员会在本级人民代表大会闭会期间，可以决定撤销本级人民政府个别副省长、自治区副主席、副市长、副州长、副县长、副区长的职务；可以撤销由它任命的本级人民政府其他组成人员和监察委员会副主任、委员，人民法院副院长、庭长、副庭长、审判委员会委员、审判员，人民检察院副检察长、检察委员会委员、检察员，中级人民法院院长，人民检察院分院检察长的职务。

第六十一条 县级以上地方各级人民政府、监察委员会、人民法院和人民检察院，可以向本级人民代表大会常务委员会提出对本法第六十条所列国家机关工作人员的撤职案。

县级以上地方各级人民代表大会常务委员会主任会议，可以向常务委员会提出对本法第六十条所列国家机关工作人员的撤职案。

县级以上地方各级人民代表大会常务委员会五分之一以上的组成人员书面联名，可以向常务委员会提出对本法第六十条所列国家机关工作人员的撤职案，由主任会议决定是否提请常务委员会会议审议；或者由主任会议提议，经全体会议决定，组织调查委员会，由以后的常务委员会会议根据调查委员会的报告审议决定。

第六十二条 撤职案应当写明撤职的对象和理由，并提供有关的材料。

撤职案在提请表决前，被提出撤职的人员有权在常务委员会会议上提出申辩意见，或者书面提出申辩意见，由主任会议决定印发常务委员会会议。

撤职案的表决采用无记名投票的方式，由常务委员会全体组成人员的过半数通过。

第九章 附 则

第六十三条 各级人民代表大会常务委员会制定年度监督工作计划，加强工作统筹，综合运用听取和审议专项工作报告、执法检查、专题询问、专题调研等方式进行监督，增强监督工作的针对性、协调性、实效性。

年度监督工作计划由委员长会议或者主任会议通过并向社会公布。

年度监督工作计划可以根据实际需要作出适当调整。

第六十四条 省、自治区、直辖市的人民代表大会常务委员会可以根据本法和有关法律，结合本地实际情况，制定实施办法。

第六十五条 本法自 2007 年 1 月 1 日起施行。

关于《中华人民共和国各级人民代表大会常务委员会监督法（修正草案）》的说明

——2023 年 12 月 25 日在第十四届全国人民代表大会常务委员会第七次会议上

全国人大常委会法制工作委员会副主任　武　增

委员长、各位副委员长、秘书长、各位委员：

我受委员长会议委托，作关于《中华人民共和国各级人民代表大会常务委员会监督法（修正草案）》的说明。

一、修改监督法的必要性和重大意义

监督权是宪法赋予人大的一项重要职权，人大监督是党和国家监督体系的重要组成部分。《中华人民共和国各级人民代表大会常务委员会监督法》是 2006 年 8 月十届全国人大常委会第二十三次会议通过的。监督法的颁布施行，对各级人大常委会依法行使监督职权，健全监督机制，增强监督实效，发挥人民代表大会制度的特点和优势，具有重要意义。党的十八大以来，以习近平同志为核心的党中央从坚持和发展中国特色社会主义的全局和战略高度，对坚持和完善人民代表大会制度、健全党和国家监督体系进行顶层设计，对人大监督作出一系列重大部署，推进一系列重大工作，取得历史性成就。2021 年 10 月，党中央召开中央人大工作会议，对新时代坚持和完善人民代表大会制度、加强和改进人大工作作出全面部署。习近平总书记明确指出："用好宪法赋予人大的监督权，实行正确监督、有效监督、依法监督。”党的二十大报告提出，支持和保证人大及其常委会依法行使监督权，健全人大对行政机关、监察机关、审判机关、检察机关监督制度，维护国家法治统一、尊严、权威。

监督法是各级人大常委会行使监督权的重要法律依据。深入贯彻习近平新时代中国特色社会主义思想特别是习近平法治思想、习近平总书记关于坚持和完善人民代表大会制度的重要思想，践行全过程人民民主重大理念，落实党中央重大决策部署和中央人大工作会议精神，有必要认真总结监督法施行以来特别是党的十八大以来人大监督工作实践经验，适应新形势新要求，对监督法作出修改完善，进一步明确人大监督的指导思想和原则理念，健全监督体制机制和方式方法，增强监督针对性、实效性，更好发挥人大监督作用，为贯彻新发展理念，推动高质量发展，保障全面建设社会主义现代化国家、以中国式现代化全面推进中华民族伟大复兴提供有力支撑。

（一）修改监督法是新时代加强党对人大监督工作的全面领导、保证党的路线方针政策和决策部署贯彻执行的必然要求

中国共产党领导是中国特色社会主义最本质的特征。人大监督是在党的领导下，代表国家和人民进行的具有法律效力的监督，是对权力的监督；人大监督的目的，是促进和推动党中央决策部署的贯彻落实，维护国家法治统一、尊严、权威。2019 年《中共中央关于加强党的政治建设的意见》提出，坚持党总揽全局、协调各方，建立健全坚持和加强党的全面领导的制度体系；制定和修改有关法律法规要明确规定党领导相关工作的法律地位。根据 2018 年宪法修正案，修改监督法，完善关于坚持党和国家指导思想的规定，突出强调人大行使监督权应当坚持中国共产党的领导，坚持中国特色社会主义道路，有利于确保人大监督始终站在党和国家事业发展的全局和战略高度，从党和国家根本利益、长远利益出发，把人大监督同支持有关国家机关依法行使职权、履行职责、开展工作有机统一起来，形成加强和改进工作、推进事业发展的合

力。这对于保证人大监督始终坚持正确的政治方向，保证党的路线方针政策和决策部署在有关国家机关得到全面贯彻和有效执行，具有重要意义。

（二）修改监督法是新时代坚持和发展全过程人民民主、健全人民当家作主制度体系的客观要求

发展全过程人民民主，保障人民当家作主，是党中央明确提出的任务要求。人民通过人民代表大会行使国家权力，各级人大都由民主选举产生，对人民负责、受人民监督；各级行政机关、监察机关、审判机关、检察机关都由人大产生，对人大负责、受人大监督。人大监督工作必须坚持深入贯彻全过程人民民主重大理念和实践要求，确保在监督工作各个环节都能够听到来自人民的声音、都能够代表人民的意志、反映人民的意愿，积极回应人民群众新期待，最大限度吸纳民意、汇集民智。人大行使监督权，实行正确监督、有效监督、依法监督，充分体现了全过程人民民主的特点和要求，充分彰显了中国特色社会主义民主政治的独特优势。修改监督法，明确坚持和发展全过程人民民主，有利于拓展和健全人民群众有序参与、表达意愿关切的途径和形式，丰富我国人民当家作主的生动实践，从制度上保证人大监督始终为了人民、依靠人民、造福人民、保护人民。

（三）修改监督法是深入总结实践经验、坚持好完善好运行好人民代表大会制度的客观要求

监督法实施以来，各级人大常委会围绕党和国家工作大局开展监督工作，形成不少好的经验做法，人大监督工作不断得到加强和改进，人民代表大会制度不断得到巩固和发展。特别是党的十八大以来，以习近平同志为核心的党中央高度重视人民代表大会制度建设，对推进新时代人大工作高质量发展作出一系列重大决策部署，推动人大监督工作与时俱进、完善发展。2021 年 11 月，党中央印发《中共中央关于新时代坚持和完善人民代表大会制度、加强和改进人大工作的意见》，提出一系列新举措新要求。近年来，在党中央领导下，人大监督工作不断得到加

强、改进和提升。如人大对预算决算审查、国有资产管理、审计查出问题整改、政府债务等财政经济工作监督不断拓展和深化，执法检查不断取得新成效，专题询问扎实开展，备案审查工作取得重要进展和明显成效。修改监督法，需要认真总结这些行之有效的好经验好做法，及时确立为法律制度机制，从而更好地为各级人大常委会行使监督职权、开展监督工作提供法治保障，推动人民代表大会制度这一国家根本政治制度更加成熟、更加定型。

（四）修改监督法是坚持全面依法治国、在法治轨道上推进国家治理体系和治理能力现代化的客观要求

坚持和完善人民代表大会制度，建设社会主义法治国家，一个重要原则和制度设计的基本要求就是任何国家机关及其工作人员的权力都要受到监督和制约。更好发挥人大监督在党和国家监督体系中的重要作用，必须让权力在阳光下运行，用制度的笼子管住权力，用法治的缰绳驾驭权力。修改监督法，就是要贯彻全面依法治国战略部署，进一步明确全国人大常委会监督宪法和法律的实施，地方各级人大及其常委会在本行政区域内保证宪法、法律、行政法规和上级人大及其常委会决议的遵守和执行，确保宪法和法律、法规得到有效实施，确保行政权、监察权、审判权、检察权依法正确行使，促进依法行政、依法监察、公正司法，维护国家法治统一、尊严、权威。这对于新时代坚持全面依法治国，全面推进国家各方面工作法治化，提高国家治理法治化水平，更好发挥法治固根本、稳预期、利长远的保障作用，具有重要意义。

二、修改监督法的总体要求、主要原则和工作过程

修改监督法，必须高举中国特色社会主义伟大旗帜，坚持以习近平新时代中国特色社会主义思想为指导，深入贯彻习近平法治思想、习近平总书记关于坚持和完善人民代表大会制度的重要思想，坚持党的领导、人民当家作主、依法治国有机统一，认真总结新时代人大监督工作实践经验，适应新形势新要求，健全人大监督体制机制，更好发挥人民代表大会制度的根本政治制度作用。

修法工作遵循的主要原则：一是坚持正确政治方向，坚持和加强党对人大监督工作的全面领导，认真贯彻落实党中央决策部署和中央人大工作会议精神，通过完善人大监督制度机制保障党的路线方针政策和党中央决策部署的全面贯彻和有效执行。二是深入贯彻全过程人民民主重大理念和实践要求，坚持和发展全过程人民民主，通过修改监督法充分发挥人大的民主民意表达平台和载体作用，充分发挥人大代表的重要作用，健全吸纳民意、汇集民智工作机制，健全人民当家作主制度体系。三是坚持问题导向、实践导向，认真总结监督法施行以来特别是党的十八大以来人大监督工作的成功经验和有益做法，完善人大监督制度机制；对于缺乏实践经验或者尚未形成基本共识的内容，不作修改；对一些只在基层或者部分地方进行探索的做法，一般不在监督法中作规定。四是坚持法制统一，遵循和贯彻宪法规定、宪法原则和宪法精神，注意协调处理好同近年来已经修改完善的全国人大组织法、全国人大议事规则、地方组织法、立法法等法律和全国人大常委会有关决定的关系，保持法律规范衔接协调，保证法律体系和谐统一。

根据立法工作安排，全国人大常委会法工委于2021年下半年启动监督法修改工作。主要做了以下工作：一是深入学习领会习近平总书记关于坚持和完善党和国家监督体系重要论述，认真研究贯彻党的十八大以来党中央关于加强和改进人大监督工作的重大决策部署和工作要求。二是组织对修改监督法有关问题开展专题研究，认真梳理近年来全国人大代表和政协委员提出的有关议案、建议和提案，认真梳理近年来修改完善的有关组织法、立法法、议事规则和有关决定相关内容。三是向部分省（区、市）和设区的市的人大常委会、基层立法联系点书面发函，征求对修改监督法的意见和建议。四是到浙江、江西、四川、云南、安徽、山东、广东、山西、北京等地进行调研，深入了解近年来地方人大开展监督工作的新实践新经验。五是系统梳理监督法施行以来全国人大常委会和地方各级人大常委会开展监督工作情况和经验做法，分专题对监督法有关内容进行深入研究，委托高端智库进行相关课题研究。六是形成监督法修正草案征求意见稿，征求中央和国家有关部门、全国人大各专门委员会和常委会工作机构以及部分省（区、市）和设区的市的人大常委会、基层立法联系点的意见和建议。在此基础上，形成了修正草案。

三、修正草案的主要内容

监督法修正草案共30条，主要修改内容如下：

（一）完善人大监督的指导思想、重要原则和核心理念。一是在现行监督法第三条关于指导思想的规定中，增加“科学发展观、习近平新时代中国特色社会主义思想”等内容，并增加规定：各级人大常委会行使监督职权应当“贯彻新发展理念，推动高质量发展，保障全面建设社会主义现代化国家、以中国式现代化全面推进中华民族伟大复兴”。二是增加一条规定：全国人大常委会监督宪法和法律的实施，地方各级人大及其常委会在本行政区域内保证宪法、法律、行政法规和上级人大及其常委会决议的遵守和执行，维护国家法治统一、尊严、权威。三是明确常委会对“一府一委两院”工作实施监督，实行正确监督、有效监督、依法监督的原则；并增加规定：各级人民政府、监察委员会、人民法院和人民检察院应当严格依法行使职权、履行职责、开展工作，接受本级人大常委会的监督。四是增加一条规定：各级人大常委会行使监督职权，应当坚持和发展全过程人民民主，尊重和保障人权，维护和促进社会公平正义；各级人大常委会应当扩大人大代表对监督工作的参与，充分发挥代表作用。

（二）完善听取和审议专项工作报告的制度机制。一是将监督法第二章章名修改为“听取和审议专项工作报告”，包括各级人民政府、监察委员会、人民法院、人民检察院等向本级人大常委会作的各类专项工作报告。二是在有关条文中增加规定：根据常委会的工作安排，本级人大有关专门委员会或者常委会有关工作机构可以先期进行专题调查研究，提出报告；常委会听取和审议专项工作报告时，有关专题调查研究报告一并印发会议。三是在有关条文中增加规定：委员长会议或者主任会议可以决定将审议意见研究处理情况或者执行决议情况的报告提请常委会会议进行审议；必要时，可以组织本级人大有关专门委员会或者常委会有关工作机构开展跟踪监督。

（三）完善人大财政经济工作监督的内容和机制。一是将监督法第三章章名修改为“财政经济工作监督”，使之表述简洁、主旨鲜明；同时，增加一条规定，明确“财政经济工作监督”的内容。二是明确国有资产管理情况报告制度，增加一条规定：常委会应当加强对国有资产管理情况的监督，建立健全监督机制，实行全口径、全覆盖国有资产管理情况报告制度；国务院应当在每年十月向全国人大常委会报告上一年度国有资产管理的情况。县级以上地方各级人民政府应当按照本级人大常委会工作安排，每年向常委会报告上一年度国有资产管理的情况。三是明确对政府债务情况的监督，增加一条规定：常委会应当加强对政府债务的监督，建立健全政府债务情况报告制度。四是明确对金融工作情况的监督，增加一条规定：全国人大常委会加强对金融工作的监督。国务院应当在每年十月向全国人大常委会报告金融工作有关情况。五是在有关条文中增加规定：常委会听取和审议审计查出问题整改情况的报告，必要时可以对审计工作报告、审计查出问题整改情况报告作出决议。六是增加一条规定：常委会开展财政经济工作监督，可以组织本级人大有关专门委员会或者常委会有关工作机构开展专题调查研究，提出报告；专题调查研究报告印发常委会会议；必要时，委员长会议或者主任会议可以决定将有关专题调查研究报告提请常委会会议进行审议。七是增加一条规定：常委会运用现代信息技术开展联网监督，建立健全信息共享和工作贯通协调机制，提高财政经济工作监督效能。

（四）完善人大执法检查工作机制。一是在有关条文中增加规定：上级人大常委会根据需要，可以组织下级人大常委会联动开展执法检查；有关地方人大常委会根据区域协调发展的需要，可以协同开展执法检查。二是增加一条规定：执法检查前，本级人大有关专门委员会可以对重点问题开展调查研究，深入了解情况，广泛听取意见。三是在有关条文中增加规定：常委会可以对执法检查报告作出决议；本级人民政府、监察委员会、人民法院或者人民检察院应当在决议规定的期限内，将执行决议的情况向常委会报告；委员长会议或者主任会议可以决定将执法检查报告和审议意见研究处理情况或者执行决议情况的报告提请常委会会议进行审议；必要时，常委会可以组织跟踪检查，也可以委托本级人大有关专门委员会或者常委会有关工作机构组织跟踪检查。

（五）完善人大备案审查制度。对法规、规章、司法解释和其他规范性文件实行备案审查，是宪法和法律规定的一项重要制度。总结近年来的实践经验，对监督法第五章“规范性文件的备案审查”有关规定进行补充、完善。一是将地方各级监察委员会、人民法院、人民检察院制定的不适当的规范性文件纳入常委会审查、撤销的范围。二是将“国家监察委员会”纳入可以对司法解释提出审查要求的国家机关的范围，并增加规定：全国人大有关专门委员会、常委会工作机构可以对报送备案的具体应用法律的解释进行主动审查或者专项审查。三是健全对司法解释的审查机制，明确司法解释备案审查工作中的合宪性审查要求，对宪法和法律委员会、有关专门委员会、常委会工作机构审查司法解释的程序作出完善。四是总结近年来的实践经验，增加一条规定：常委会应当每年听取和审议备案审查工作情况报告。

（六）增加规定专题询问。将“专题询问”纳入监督法第六章章名中，并增加四条，分别作出规定：一是各级人大常委会围绕关系改革发展稳定大局和群众切身利益、社会普遍关注的重大问题，可以召开联组会议、分组会议，进行专题询问。本级人民政府或者有关部门、监察委员会、人民法院或者人民检察院的负责人应当到会，听取意见，回答询问。二是专题询问应当坚持问题导向，增强针对性、实效性，积极回应社会关切；专题询问可以结合审议专项工作报告进行，也可以结合审议执法检查报告或者其他报告进行。三是常委会开展专题询问前，可以组织本级人大有关专门委员会或者常委会有关工作机构开展专题调查研究，深入了解情况，广泛听取意见；常委会办事机构应当及时将有关专题调查研究报告和汇总的有关方面意见发给常委会组成人员。四是专题询问中提出的意见交由有关国家机关研究处理，有关国家机关应当及时向常委会提交研究处理情况报告。必要时，委员长会议或者主任会议可以决定将研究处理情况报告提请常委会会议进行审议。

（七）体现国家机构改革相关要求。一是在有关条款中增加“监察委员会”及相关内容。二是将有关条文中的“法律委员会”修改为“宪法和法律委员会”。

（八）明确常委会监督工作计划。根据多年来的实践做法，将监督法有关条款的内容进行整合，在附则中增加一条规定：各级人大常委会制定年度监督工作计划，加强工作统筹，增强监督工作的针对性、协调性、实效性；年度监督工作计划由委员长会议或者主任会议通过并向社会公布。

监督法修正草案和以上说明是否妥当，请审议。

全国人民代表大会宪法和法律委员会关于《中华人民共和国各级人民代表大会常务委员会监督法（修正草案）》审议结果的报告

全国人民代表大会常务委员会：

常委会第七次会议对监督法修正草案进行了初次审议。会后，法制工作委员会将修正草案印发中央有关部门、各省（自治区、直辖市）和部分设区的市人大常委会以及部分基层立法联系点、高等院校、研究机构征求意见，并在中国人大网全文公布修正草案，征求社会公众意见。宪法和法律委员会、法制工作委员会联合召开座谈会，就修正草案中的主要问题听取中央有关部门和部分省市人大常委会、专家学者、新闻媒体的意见；到江西、浙江等地调研，听取意见。宪法和法律委员会于10月8日召开会议，根据常委会组成人员审议意见和各方面的意见，对修正草案进行了逐条审议。常委会办公厅有关负责同志列席了会议。10月25日，宪法和法律委员会召开会议，再次进行了审议。宪法和法律委员会认为，党的二十届三中全会决定明确提出：健全人大对行政机关、监察机关、审判机关、检察机关监督制度，完善监督法及其实施机制。认真贯彻落实党的二十届三中全会决定精神，及时对监督法进行修改是必要的，修正草案经过审议修改，已经比较成熟。同时，提出以下主要修改意见：

一、修正草案第七条对年度监督工作计划作了规定。有的意见提出，制定监督工作计划应当统筹考虑各种监督方式，增加监督工作的针对性、协调性、实效性；有的常委委员提出，为及时贯彻落实党中央决策部署，回应社会关切，监督工作计划应当具备一定的灵活性。宪法和法律委员会经研究，建议增加规定：制定年度监督工作计划，“综合运用听取和审议专项工作报告、执法检查、专题询问、专题调研等方式进行监督”；同时，增加一款规定：“年度监督工作计划可以根据实际需要作出适当调整”。

二、有的常委委员、地方、基层立法联系点和代表提出，根据环境保护法的规定，每年听取和审议环境保护状况和环境保护目标完成情况报告，在各级人大常委会监督工作中已经实现常态化、固定化，建议在监督法中予以体现。宪法和法律委员会经研究，建议增加规定：“常务委员会根据法律规定，听取和审议本级人民政府关于环境状况和环境保护目标完成情况的报告。”

三、修正草案第十四条规定：“常务委员会应当加强对政府债务的监督，建立健全政府债务情况报告制度。”有的常委会组成人员、地方建议，应当明确常委会每年听取政府债务管理情况的报告。宪法和法律委员会经研究，建议增加规定：“国务院和县级以上地方各级人民政府应当每年向本级人民代表大会常务委员会报告政府债务管理情况。”

四、有的常委会组成人员提出，执法检查有很多好的实践做法，如第三方评估、问卷调查等，建议在监督法中予以明确。宪法和法律委员会经研究，建议在第四章增加一条规定：“执法检查可以采取座谈会、实地检查、第三方评估、问卷调查或者抽查等形式，深入了解情况，广泛听取意见。”

五、有的意见提出，立法法、全国人大常委会关于完善和加强备案审查制度的决定等对建立健全备案审查衔接联动机制作了规定，建议在监督法中增加相关规定。宪法和法律委员会经研究，建议在第五章中增加一条规定：“备案审查机关应当建立健全备案审查衔接联动机制，对应当由其他机关处理的审查要求或者审查建议，及时移送有关机关处理。”

此外，还对修正草案作了一些文字修改。

10月16日，法制工作委员会召开会议，邀请部分地方人大常委会、基层立法联系点、专家学者就修正草案中主要制度规范的可行性、法律出台时机等进行评估。与会人员普遍认为，修正草案贯彻党的二十大和二十届三中全会决策部署，落实中央人大工作会议精神和习近平总书记在庆祝全国人民代表大会成立70周年大会上的重要讲话精神，总结吸收实践经验，对健全人大监督机制，增强监督实效，更好发挥人大监督作用，具有重要意义。修正草案经过修改，充分吸收了各方面意见，已经比较成熟，建议审议通过。与会人员还对修正草案提出了一些具体修改意见，经研究，对有的意见予以采纳。

宪法和法律委员会已按上述意见提出了全国人民代表大会常务委员会关于修改《中华人民共和国各级人民代表大会常务委员会监督法》的决定（草案），建议提请本次常委会会议审议通过。

修改决定草案和以上报告是否妥当，请审议。

全国人民代表大会宪法和法律委员会

2024年11月4日

全国人民代表大会宪法和法律委员会关于《全国人民代表大会常务委员会关于修改〈中华人民共和国各级人民代表大会常务委员会监督法〉的决定（草案）》修改意见的报告

全国人民代表大会常务委员会：

本次常委会会议于11月5日下午对关于修改监督法的决定草案进行了分组审议。普遍认为，修改决定草案已经比较成熟，建议进一步修改后，提请本次常委会会议表决通过。同时，有些常委会组成人员和列席人员还提出了一些修改意见和建议。宪法和法律委员会于11月5日晚召开会议，逐条研究了常委会组成人员和列席人员的审议意见，对修改决定草案进行统一审议。常委会办公厅有关负责同志列席了会议。宪法和法律委员会认为，修改决定草案是可行的，同时，提出以下修改意见：

一、有的常委委员提出，党的二十届三中全会决定强调：坚持好、完善好、运行好人民代表大会制度，建议将这一精神在监督法中予以体现。宪法和法律委员会经研究，建议在修改决定草案第一条中增加"坚持好、完善好、运行好人民代表大会制度"的内容。

二、有的常委委员提出，实践中，常委会听取和审议专项工作报告前，由有关专门委员会对专项工作报告进行审议，建议将这一做法在监督法中予以明确。宪法和法律委员会经研究，建议在现行监督法第十三条增加一款规定："委员长会议或者主任会议可以决定将报告交有关专门委员会审议。"

三、有的常委委员提出，修改决定草案对专项工作报告的跟踪监督作了规定。实践中，财政经济工作监督也有跟踪监督的做法，为进一步增强财政经济工作监督的实效性，建议增加跟踪监督的有关内容。宪法和法律委员会经研究，建议在修改决定草案第十八条增加一款规定："委员长会议或者主任会议可以决定将审议意见研究处理情况或者执行决议情况的报告提请常务委员会审议。必要时，常务委员会可以组织开展跟踪监督。"

经研究，建议将本决定的施行时间确定为公布之日。

此外，根据常委会组成人员的审议意见，还对修改决定草案作了一些文字修改。

修改决定草案修改稿已按上述意见作了修改，宪法和法律委员会建议提请本次常委会会议审议通过。

修改决定草案修改稿和以上报告是否妥当，请审议。

全国人民代表大会宪法和法律委员会

2024 年 11 月 7 日

《中华人民共和国各级人民代表大会常务委员会监督法》修改前后对照表

注：对照表左栏底纹黑体字为删减内容，右栏黑体字为修改、新增内容。

中华人民共和国各级人民代表大会常务委员会监督法	中华人民共和国各级人民代表大会常务委员会监督法
（2006年8月27日第十届全国人民代表大会常务委员会第二十三次会议通过）	（2006年8月27日第十届全国人民代表大会常务委员会第二十三次会议通过　根据2024年11月8日第十四届全国人民代表大会常务委员会第十二次会议《关于修改〈中华人民共和国各级人民代表大会常务委员会监督法〉的决定》修正）
目　录 第一章　总　则 第二章　听取和审议**人民政府、人民法院和人民检察院的**专项工作报告 第三章　**审查和批准决算，听取和审议国民经济和社会发展计划、预算的执行情况报告，听取和审议审计工作报告** 第四章　法律法规实施情况的检查 第五章　规范性文件的备案审查 第六章　询问和质询	目　录 第一章　总　则 第二章　听取和审议专项工作报告 第三章　**财政经济工作监督** 第四章　法律法规实施情况的检查 第五章　规范性文件的备案审查 第六章　询问、**专题询问**和质询 第七章　特定问题调查 第八章　撤职案的审议和决定 第九章　附　则

第七章 特定问题调查 第八章 撤职案的审议和决定 第九章 附 则	
第一章 总 则	**第一章 总 则**
第一条 为保障全国人民代表大会常务委员会和县级以上地方各级人民代表大会常务委员会依法行使监督职权，发展社会主义民主，推进依法治国，根据宪法，制定本法。	**第一条** 为了保障全国人民代表大会常务委员会和县级以上地方各级人民代表大会常务委员会依法行使监督职权，**坚持好、完善好、运行好人民代表大会制度**，发展社会主义民主**政治**，推进**全面**依法治国，根据宪法，制定本法。
第二条 各级人民代表大会常务委员会依据宪法和有关法律的规定，行使监督职权。 各级人民代表大会常务委员会行使监督职权的程序，适用本法；本法没有规定的，适用有关法律的规定。	**第二条** 各级人民代表大会常务委员会依据宪法和有关法律的规定，行使监督职权。 各级人民代表大会常务委员会行使监督职权的程序，适用本法；本法没有规定的，适用有关法律的规定。
第三条 各级人民代表大会常务委员会行使监督职权，应当围绕国家工作大局，以经济建设为中心，坚持中国共产党的领导，坚持马克思列宁主义、毛泽东思想、邓小平理论**和**“三个代表”重要思想，**坚持人民民主专政，**坚持社会主义道路，坚持改革开放。	**第三条** 各级人民代表大会常务委员会行使监督职权，**应当**坚持中国共产党的领导，坚持**以**马克思列宁主义、毛泽东思想、邓小平理论、“三个代表”重要思想、**科学发展观、习近平新时代中国特色社会主义思想为指导**，坚持**中国特色**社会主义道路，**确保宪法和法律、法规得到全面有效实施，确保行政权、监察权、审判权、检察权依法正确行使。** **第四条 各级人民代表大会常务委员会行使监督职权，**应当围绕**党和**国家工作大局，以经济建设为中心，坚持改革开放，**贯彻新发展理念，推动高质量发展，保障全面建设社会主义现代化国家、以中国式现代化全面推进中华民族伟大复兴。**

	第五条　全国人民代表大会常务委员会监督宪法和法律的实施，地方各级人民代表大会及其常务委员会在本行政区域内保证宪法、法律、行政法规和上级人民代表大会及其常务委员会决议的遵守和执行，维护国家法治统一、尊严、权威。
第五条　各级人民代表大会常务委员会对本级人民政府、人民法院和人民检察院的工作实施监督，促进依法行政、公正司法。	**第六条**　各级人民代表大会常务委员会对本级人民政府、**监察委员会**、人民法院和人民检察院的工作实施监督，**实行正确监督、有效监督、依法监督，**促进依法行政、**依法监察**、公正司法。 **各级人民政府、监察委员会、人民法院和人民检察院应当严格依法行使职权、履行职责、开展工作，自觉接受本级人民代表大会常务委员会的监督。**
	第七条　各级人民代表大会常务委员会行使监督职权，应当坚持和发展全过程人民民主，尊重和保障人权，维护和促进社会公平正义。 **各级人民代表大会常务委员会应当扩大人民代表大会代表对监督工作的参与，充分发挥代表作用。**
第四条　各级人民代表大会常务委员会按照民主集中制的原则，集体行使监督职权。	**第八条**　各级人民代表大会常务委员会按照民主集中制的原则，集体行使监督职权。
第六条　各级人民代表大会常务委员会行使监督职权的情况，应当向本级人民代表大会报告，接受监督。	**第九条**　各级人民代表大会常务委员会行使监督职权的情况，应当向本级人民代表大会报告，接受监督。
第七条　各级人民代表大会常务委员会行使监督职权的情况，向社会公开。	**第十条**　各级人民代表大会常务委员会行使监督职权的情况，向社会公开。

第二章　听取和审议人民政府、人民法院和人民检察院的专项工作报告	第二章　听取和审议专项工作报告
第八条　各级人民代表大会常务委员会每年选择若干关系改革发展稳定大局和群众切身利益、社会普遍关注的重大问题，有计划地安排听取和审议本级人民政府、人民法院和人民检察院的专项工作报告。 **常务委员会听取和审议专项工作报告的年度计划，经委员长会议或者主任会议通过，印发常务委员会组成人员并向社会公布。**（与第二十三条第一款合并、修改，作为第九章第六十三条）	**第十一条**　各级人民代表大会常务委员会每年选择若干关系改革发展稳定大局和群众切身利益、社会普遍关注的重大问题，有计划地安排听取和审议本级人民政府、**监察委员会、**人民法院和人民检察院的专项工作报告。
第九条　常务委员会听取和审议本级人民政府、人民法院和人民检察院的专项工作报告的议题，根据下列途径反映的问题确定： （一）本级人民代表大会常务委员会在执法检查中发现的突出问题； （二）本级人民代表大会代表对人民政府、人民法院和人民检察院工作提出的建议、批评和意见集中反映的问题； （三）本级人民代表大会常务委员会组成人员提出的比较集中的问题； （四）本级人民代表大会专门委员会、常务委员会工作机构在调查研究中发现的突出问题； （五）人民来信来访集中反映的问题； （六）社会普遍关注的其他问题。 人民政府、人民法院和人民检察院可以向本级人民代表大会常务委员会要求报告专项工作。	**第十二条**　常务委员会听取和审议本级人民政府、**监察委员会、**人民法院和人民检察院的专项工作报告的议题，根据**有关法律的规定和**下列途径反映的问题确定： （一）本级人民代表大会常务委员会在执法检查中发现的突出问题； （二）本级人民代表大会代表对人民政府、**监察委员会、**人民法院和人民检察院工作提出的建议、批评和意见集中反映的问题； （三）本级人民代表大会常务委员会组成人员提出的比较集中的问题； （四）本级人民代表大会专门委员会、常务委员会工作机构在调查研究中发现的突出问题； （五）人民来信来访集中反映的问题； （六）社会普遍关注的其他问题。 人民政府、**监察委员会、**人民法院和人民检察院可以向本级人民代表大会常务委员会要求报告专项工作。 **常务委员会根据法律规定，听取和审议本级人民政府关于环境状况和环境保护目标完成情况的报告。**

第十条 常务委员会听取和审议专项工作报告前，委员长会议或者主任会议可以组织本级人民代表大会常务委员会组成人员和本级人民代表大会代表，对有关工作进行视察或者专题调查研究。 常务委员会可以安排参加视察或者专题调查研究的代表列席常务委员会会议，听取专项工作报告，提出意见。	**第十三条** 常务委员会听取和审议专项工作报告前，委员长会议或者主任会议可以组织本级人民代表大会常务委员会组成人员和本级人民代表大会代表，对有关工作进行视察或者专题调查研究。 常务委员会可以安排参加视察或者专题调查研究的代表列席常务委员会会议，听取专项工作报告，提出意见。 **常务委员会听取和审议专项工作报告前，本级人民代表大会有关专门委员会或者常务委员会有关工作机构可以进行专题调查研究，提出报告并印发常务委员会会议。**
第十一条 常务委员会听取和审议专项工作报告前，常务委员会办事机构应当将各方面对该项工作的意见汇总，交由本级人民政府、人民法院或者人民检察院研究并在专项工作报告中作出回应。	**第十四条** 常务委员会听取和审议专项工作报告前，常务委员会办事机构应当将各方面对该项工作的意见汇总，交由本级人民政府、**监察委员会**、人民法院或者人民检察院研究并在专项工作报告中作出回应。
第十二条 人民政府、人民法院或者人民检察院应当在常务委员会举行会议的二十日前，由其办事机构将专项工作报告送交本级人民代表大会有关专门委员会或者常务委员会有关工作机构征求意见；人民政府、人民法院或者人民检察院对报告修改后，在常务委员会举行会议的十日前送交常务委员会。 常务委员会办事机构应当在常务委员会举行会议的七日前，将专项工作报告发给常务委员会组成人员。	**第十五条** 人民政府、**监察委员会**、人民法院或者人民检察院应当在常务委员会举行会议的二十日前，由其办事机构将专项工作报告送交本级人民代表大会有关专门委员会或者常务委员会有关工作机构征求意见；人民政府、**监察委员会**、人民法院或者人民检察院对报告修改后，在常务委员会举行会议的十日前送交常务委员会。 常务委员会办事机构应当在常务委员会举行会议的七日前，将专项工作报告发给常务委员会组成人员。
第十三条 专项工作报告由人民政府、人民法院或者人民检察院的负责人向本级人民代表大会常务委员会报告，人民政府也可以委托有关部门负责人向本级人民代表大会常务委员会报告。	**第十六条** 专项工作报告由人民政府、**监察委员会**、人民法院或者人民检察院的负责人向本级人民代表大会常务委员会报告，人民政府也可以委托有关部门负责人向本级人民代表大会常务委员会报告。

	委员长会议或者主任会议可以决定将报告交有关专门委员会审议。
第十四条 常务委员会组成人员对专项工作报告的审议意见交由本级人民政府、人民法院或者人民检察院研究处理。人民政府、人民法院或者人民检察院应当将研究处理情况由其办事机构送交本级人民代表大会有关专门委员会或者常务委员会有关工作机构征求意见后，向常务委员会提出书面报告。常务委员会认为必要时，可以对专项工作报告作出决议；本级人民政府、人民法院或者人民检察院应当在决议规定的期限内，将执行决议的情况向常务委员会报告。 常务委员会听取的专项工作报告及审议意见，人民政府、人民法院或者人民检察院对审议意见研究处理情况或者执行决议情况的报告，向本级人民代表大会代表通报并向社会公布。	**第十七条** 常务委员会组成人员对专项工作报告的审议意见交由本级人民政府、**监察委员会、**人民法院或者人民检察院研究处理。人民政府、**监察委员会、**人民法院或者人民检察院应当将研究处理情况由其办事机构送交本级人民代表大会有关专门委员会或者常务委员会有关工作机构征求意见后，向常务委员会提出书面报告。常务委员会认为必要时，可以对专项工作报告作出决议；本级人民政府、**监察委员会、**人民法院或者人民检察院应当在决议规定的期限内，将执行决议的情况向常务委员会报告。 **委员长会议或者主任会议可以决定将审议意见研究处理情况或者执行决议情况的报告提请常务委员会审议。必要时，常务委员会可以组织开展跟踪监督。** 常务委员会听取的专项工作报告及审议意见，人民政府、**监察委员会、**人民法院或者人民检察院对审议意见研究处理情况或者执行决议情况的报告，向本级人民代表大会代表通报并向社会公布。
第三章 审查和批准决算，听取和审议国民经济和社会发展计划、预算的执行情况报告，听取和审议审计工作报告	**第三章 财政经济工作监督**
	第十八条 本法所称财政经济工作监督，是指常务委员会依法对下列事项进行监督： **（一）审查和批准本级决算；** **（二）国民经济和社会发展五年规划纲要实施情况，国民经济和社会发展计划执行情况；**

	（三）预算执行情况； **（四）审查和批准国民经济和社会发展五年规划纲要、计划的调整方案；** **（五）审查和批准预算调整方案；** **（六）国有资产管理情况；** **（七）政府债务管理情况；** **（八）金融工作情况；** **（九）预算执行和其他财政收支的审计工作情况、审计查出问题整改情况；** **（十）财政经济领域其他重要事项。**
第十五条 国务院应当在每年六月，将上一年度的中央决算草案提请全国人民代表大会常务委员会审查和批准。 县级以上地方各级人民政府应当在每年六月至九月期间，将上一年度的本级决算草案提请本级人民代表大会常务委员会审查和批准。 决算草案应当按照本级人民代表大会批准的预算所列科目编制，按预算数、调整数**或者变更数**以及**实际执行**数分别列出，并作出说明。	**第十九条** 国务院应当在每年六月，将上一年度的中央决算草案提请全国人民代表大会常务委员会审查和批准。 县级以上地方各级人民政府应当在每年六月至九月期间，将上一年度的本级决算草案提请本级人民代表大会常务委员会审查和批准。 决算草案应当按照本级人民代表大会批准的预算所列科目编制，按预算数、调整**预算**数以及**决算**数分别列出，并作出说明。
第十六条 国务院和县级以上地方各级人民政府应当在每年六月至九月期间，向本级人民代表大会常务委员会报告本年度上一阶段国民经济和社会发展计划、预算的执行情况。	**第二十条** 国务院和县级以上地方各级人民政府应当在每年六月至九月期间，向本级人民代表大会常务委员会报告本年度上一阶段国民经济和社会发展计划、预算的执行情况。
第十八条 常务委员会对决算草案和预算执行情况报告**，**重点审查**下列**内容**：** **（一）预算收支平衡情况；** **（二）重点支出的安排和资金到位情况；** **（三）预算超收收入的安排和使用情况；** **（四）部门预算制度建立和执行情况；**	**第二十一条** 常务委员会**根据《中华人民共和国预算法》和全国人民代表大会常务委员会的有关决定，确定**对决算草案和预算执行情况报告**的**重点审查内容。

（五）向下级财政转移支付情况； （六）本级人民代表大会关于批准预算的决议的执行情况。 除前款规定外，全国人民代表大会常务委员会还应当重点审查国债余额情况；县级以上地方各级人民代表大会常务委员会还应当重点审查上级财政补助资金的安排和使用情况。	
第十七条 国民经济和社会发展计划、预算经人民代表大会批准后，在执行过程中需要作部分调整的，国务院和县级以上地方各级人民政府应当将调整方案提请本级人民代表大会常务委员会审查和批准。 严格控制不同预算科目之间的资金调整。预算安排的农业、教育、科技、文化、卫生、社会保障等资金需要调减的，国务院和县级以上地方各级人民政府应当提请本级人民代表大会常务委员会审查和批准。 国务院和县级以上地方各级人民政府有关主管部门应当在本级人民代表大会常务委员会举行会议审查和批准预算调整方案的一个月前，将预算调整初步方案送交本级人民代表大会财政经济委员会进行初步审查，或者送交常务委员会有关工作机构征求意见。	**第二十二条** 国民经济和社会发展计划、预算经人民代表大会批准后，在执行过程中需要作部分调整的，国务院和县级以上地方各级人民政府应当将调整方案提请本级人民代表大会常务委员会审查和批准。
第二十一条 国民经济和社会发展五年规划经人民代表大会批准后，在实施的中期阶段，人民政府应当将规划实施情况的中期评估报告提请本级人民代表大会常务委员会审议。规划经中期评估需要调整的，人民政府应当将调整方案提请本级人民代表大会常务委员会审查和批准。	**第二十三条** 国民经济和社会发展五年规划**纲要**经人民代表大会批准后，在实施的中期阶段，人民政府应当将规划**纲要**实施情况的中期评估报告提请本级人民代表大会常务委员会审议。规划**纲要**经中期评估需要调整的，人民政府应当将调整方案提请本级人民代表大会常务委员会审查和批准。

	第二十四条　常务委员会应当对国有资产管理情况进行监督，建立健全国有资产管理情况报告制度。 国务院和县级以上地方各级人民政府应当每年向本级人民代表大会常务委员会报告国有资产管理情况。
	第二十五条　常务委员会应当对政府债务进行监督，建立健全政府债务管理情况报告制度。 国务院和县级以上地方各级人民政府应当每年向本级人民代表大会常务委员会报告政府债务管理情况。
	第二十六条　常务委员会应当对金融工作进行监督，建立健全金融工作情况报告制度。 国务院应当每年向全国人民代表大会常务委员会报告金融工作有关情况。
第十九条　常务委员会每年审查和批准决算的同时，听取和审议本级人民政府提出的审计机关关于上一年度预算执行和其他财政收支的审计工作报告。	**第二十七条**　常务委员会每年审查和批准决算的同时，听取和审议本级人民政府提出的审计机关关于上一年度预算执行和其他财政收支的审计工作报告。 **常务委员会在听取和审议审计工作报告后的六个月内，听取和审议本级人民政府关于审计查出问题整改情况的报告。常务委员会认为必要时，可以对审计工作报告、审计查出问题整改情况报告作出决议。**
	第二十八条　常务委员会开展财政经济工作监督，可以组织开展专题调查研究，提出报告。 专题调查研究报告印发常务委员会会议；必要时，委员长会议或者主任会议可以决定将有关专题调查研究报告提请常务委员会审议。

第二十条 常务委员会组成人员对**国民经济和社会发展计划执行情况报告、预算执行情况报告和审计工作**报告的审议意见交由本级人民政府研究处理。人民政府应当将研究处理情况向常务委员会提出书面报告。常务委员会认为必要时，可以对**审计工作**报告作出决议；本级人民政府应当在决议规定的期限内，将执行决议的情况向常务委员会报告。 常务委员会听取的**国民经济和社会发展计划执行情况报告、预算执行情况报告和审计工作**报告及审议意见，人民政府对审议意见研究处理情况或者执行决议情况的报告，向本级人民代表大会代表通报并向社会公布。	**第二十九条** 常务委员会组成人员对**本章规定的有关**报告的审议意见交由本级人民政府研究处理。人民政府应当将研究处理情况**由其办事机构送交本级人民代表大会有关专门委员会或者常务委员会有关工作机构征求意见后，**向常务委员会提出书面报告。常务委员会认为必要时，可以对**有关**报告作出决议；本级人民政府应当在决议规定的期限内，将执行决议的情况向常务委员会报告。 **委员长会议或者主任会议可以决定将审议意见研究处理情况或者执行决议情况的报告提请常务委员会审议。必要时，常务委员会可以组织开展跟踪监督。** 常务委员会听取的**本章规定的有关**报告及审议意见，人民政府对审议意见研究处理情况或者执行决议情况的报告，向本级人民代表大会代表通报并向社会公布。
	第三十条 常务委员会运用现代信息技术开展联网监督，建立健全信息共享和工作贯通协调机制，提高财政经济工作监督效能。
第四章 法律法规实施情况的检查	**第四章 法律法规实施情况的检查**
第二十二条 各级人民代表大会常务委员会参照本法**第九条**规定的途径，每年选择若干关系改革发展稳定大局和群众切身利益、社会普遍关注的重大问题，有计划地对有关法律、法规实施情况组织执法检查。	**第三十一条** 各级人民代表大会常务委员会参照本法**第十二条**规定的途径，每年选择若干关系改革发展稳定大局和群众切身利益、社会普遍关注的重大问题，有计划地对有关法律、法规**或者相关法律制度**实施情况组织执法检查。
第二十三条 **常务委员会年度执法检查计划，经委员长会议或者主任会议通过，印发常务委员会组成人员并向社会公布。**（与第八条第二款合并、修改，作为第九章第六十三条）	**第三十二条** 常务委员会执法检查工作由本级人民代表大会有关专门委员会或者常务委员会有关工作机构具体组织实施。 **执法检查前，本级人民代表大会有**

常务委员会执法检查工作由本级人民代表大会有关专门委员会或者常务委员会有关工作机构具体组织实施。	**关专门委员会或者常务委员会有关工作机构可以对重点问题开展专题调查研究。**
第二十四条 常务委员会**根据年度执法检查计划，**按照精干、效能的原则，组织执法检查组。 执法检查组的组成人员，从本级人民代表大会常务委员会组成人员以及本级人民代表大会有关专门委员会组成人员中确定，并可以邀请本级人民代表大会代表参加。	**第三十三条** 常务委员会按照精干、效能的原则，组织执法检查组。 执法检查组的组成人员，从本级人民代表大会常务委员会组成人员以及本级人民代表大会有关专门委员会组成人员**或者常务委员会有关工作机构的人员**中确定，并可以邀请本级人民代表大会代表参加。
第二十五条 全国人民代表大会常务委员会和省、自治区、直辖市的人民代表大会常务委员会根据需要，可以委托下一级人民代表大会常务委员会对有关法律、法规在本行政区域内的实施情况进行检查。受委托的人民代表大会常务委员会应当将检查情况书面报送上一级人民代表大会常务委员会。	**第三十四条** 全国人民代表大会常务委员会和省、自治区、直辖市的人民代表大会常务委员会根据需要，可以委托下一级人民代表大会常务委员会对有关法律、法规**或者相关法律制度**在本行政区域内的实施情况进行检查。受委托的人民代表大会常务委员会应当将检查情况书面报送上一级人民代表大会常务委员会。 **上级人民代表大会常务委员会根据需要，可以与下级人民代表大会常务委员会联动开展执法检查。** **有关地方人民代表大会常务委员会根据区域协调发展的需要，可以协同开展执法检查。**
	第三十五条 执法检查可以采取座谈会、实地检查、第三方评估、问卷调查或者抽查等形式，深入了解情况，广泛听取意见。
第二十六条 执法检查结束后，执法检查组应当及时提出执法检查报告，由委员长会议或者主任会议决定提请常务委员会审议。 执法检查报告包括下列内容： （一）对所检查的法律、法规实施情	**第三十六条** 执法检查结束后，执法检查组应当及时提出执法检查报告，由委员长会议或者主任会议决定提请常务委员会审议。 执法检查报告包括下列内容： （一）对所检查的法律、法规**或者相**

况进行评价，提出执法中存在的问题和改进执法工作的建议； （二）对有关法律、法规提出修改完善的建议。	**关法律制度**实施情况进行评价，提出执法中存在的问题和改进执法工作的建议； （二）对有关法律、法规提出修改完善的建议。
第二十七条 常务委员会组成人员对执法检查报告的审议意见**连同**执法检查报告**，一并**交由本级人民政府、人民法院或者人民检察院研究处理。人民政府、人民法院或者人民检察院应当将研究处理情况由其办事机构送交本级人民代表大会有关专门委员会或者常务委员会有关工作机构征求意见后，向常务委员会提出报告。必要时，**由**委员长会议或者主任会议决定提请常务委员会审议，或者由常务委员会组织跟踪检查；常务委员会也可以委托本级人民代表大会有关专门委员会或者常务委员会有关工作机构组织跟踪检查。 常务委员会的执法检查报告及审议意见，人民政府、人民法院或者人民检察院对其研究处理情况的报告，向本级人民代表大会代表通报并向社会公布。	**第三十七条** 常务委员会组成人员对执法检查报告的审议意见**及**执法检查报告交由本级人民政府、**监察委员会、**人民法院或者人民检察院研究处理。人民政府、**监察委员会、**人民法院或者人民检察院应当将研究处理情况由其办事机构送交本级人民代表大会有关专门委员会或者常务委员会有关工作机构征求意见后，向常务委员会提出**书面**报告。**常务委员会认为必要时，可以对执法检查报告作出决议；本级人民政府、监察委员会、人民法院或者人民检察院应当在决议规定的期限内，将执行决议的情况向常务委员会报告。** 委员长会议或者主任会议**可以决定将人民政府、监察委员会、人民法院或者人民检察院对执法检查报告及审议意见研究处理情况或者执行决议情况的报告**提请常务委员会审议。必要时，常务委员会可以组织跟踪检查，也可以委托本级人民代表大会有关专门委员会或者常务委员会有关工作机构组织跟踪检查。 常务委员会的执法检查报告及审议意见，人民政府、**监察委员会、**人民法院或者人民检察院对其研究处理情况**或者执行决议情况**的报告，向本级人民代表大会代表通报并向社会公布。
第五章 规范性文件的备案审查	**第五章 规范性文件的备案审查**
第二十八条 行政法规、地方性法规、自治条例和单行条例、规章的备案、审查和撤销，依照立法法的有关规定办理。	**第三十八条** 行政法规、**监察法规、**地方性法规、自治条例和单行条例、规章**等**的备案、审查和撤销，依照**《中华人民共和国**立法法**》和全国人民代表大会常务委员会**的有关**决定**办理。

第三十条 县级以上地方各级人民代表大会常务委员会对下一级人民代表大会及其常务委员会作出的决议、决定和本级人民政府**发布**的**决定、命令**，经审查，认为有下列不适当的情形之一的，有权予以撤销： （一）超越法定权限，限制或者剥夺公民、法人和其他组织的合法权利，或者增加公民、法人和其他组织的义务的； （二）同法律、法规规定相抵触的； （三）有其他不适当的情形，应当予以撤销的。	**第三十九条** 县级以上地方各级人民代表大会常务委员会对下一级人民代表大会及其常务委员会作出的决议、决定和本级人民政府、**监察委员会、人民法院、人民检察院制定**的**规范性文件**，经审查，认为有下列不适当的情形之一的，有权予以撤销： （一）超越法定权限，限制或者剥夺公民、法人和其他组织的合法权利，或者增加公民、法人和其他组织的义务的； （二）同法律、法规规定相抵触的； （三）有其他不适当的情形，应当予以撤销的。
第二十九条 县级以上地方各级人民代表大会常务委员会审查、撤销下一级人民代表大会及其常务委员会作出的不适当的决议、决定和本级人民政府**发布**的不适当的**决定、命令**的程序，由省、自治区、直辖市的人民代表大会常务委员会参照立法法的有关**规定**，作出具体规定。	**第四十条** 县级以上地方各级人民代表大会常务委员会审查、撤销下一级人民代表大会及其常务委员会作出的不适当的决议、决定和本级人民政府、**监察委员会、人民法院、人民检察院制定**的不适当的**规范性文件**的程序，由省、自治区、直辖市的人民代表大会常务委员会参照**《中华人民共和国**立法法**》**和**全国人民代表大会常务委员会**的有关**决定**，作出具体规定。
第三十一条 最高人民法院、最高人民检察院作出的属于审判、检察工作中具体应用法律的解释，应当自公布之日起三十日内报全国人民代表大会常务委员会备案。	**第四十一条** 最高人民法院、最高人民检察院作出的属于审判、检察工作中具体应用法律的解释，应当自公布之日起三十日内报全国人民代表大会常务委员会备案。
第三十二条 国务院、中央军事委员会和省、自治区、直辖市的人民代表大会常务委员会认为最高人民法院、最高人民检察院作出的具体应用法律的解释同法律**规定**相抵触的，最高人民法院、最高人民检察院之间认为对方作出的具体应用法律的解释同法律**规定**相抵触的，可以向全国人民代表大会常务委员会书	**第四十二条** 国务院、中央军事委员会、**国家监察委员会**和省、自治区、直辖市的人民代表大会常务委员会认为最高人民法院、最高人民检察院作出的具体应用法律的解释同**宪法或者**法律相抵触，**或者存在合宪性、合法性问题**的，最高人民法院、最高人民检察院之间认为对方作出的具体应用法律的解释同**宪**

面提出进行审查的要求，由常务委员会工作机构**送**有关专门委员会进行审查、提出意见。 前款规定以外的其他国家机关和社会团体、企业事业组织以及公民认为最高人民法院、最高人民检察院作出的具体应用法律的解释同法律**规定**相抵触的，可以向全国人民代表大会常务委员会书面提出进行审查的建议，由常务委员会工作机构进行**研究，**必要时，送有关专门委员会进行审查、提出意见。	**法或者**法律相抵触，**或者存在合宪性、合法性问题**的，可以向全国人民代表大会常务委员会书面提出进行审查的要求，由**全国人民代表大会**有关专门委员会**和常务委员会工作机构**进行审查、提出意见。 前款规定以外的其他国家机关和社会团体、企业事业组织以及公民认为最高人民法院、最高人民检察院作出的具体应用法律的解释同**宪法或者**法律相抵触的，可以向全国人民代表大会常务委员会书面提出进行审查的建议，由常务委员会工作机构进行**审查；**必要时，送有关专门委员会进行审查、提出意见。 **全国人民代表大会有关专门委员会、常务委员会工作机构可以对报送备案的具体应用法律的解释进行主动审查，并可以根据需要进行专项审查。**
第三十三条　全国人民代表大会法律委员会**和**有关专门委员会经审查认为最高人民法院或者最高人民检察院作出的具体应用法律的解释同法律**规定**相抵触，而最高人民法院或者最高人民检察院不予修改或者废止的，**可以**提出要求最高人民法院或者最高人民检察院予以修改、废止的议案，或者提出由全国人民代表大会常务委员会作出法律解释的议案，由委员长会议决定提请常务委员会审议。	**第四十三条**　全国人民代表大会**宪法和**法律委员会、有关专门委员会、**常务委员会工作机构**经审查认为最高人民法院或者最高人民检察院作出的具体应用法律的解释同**宪法或者**法律相抵触，**或者存在合宪性、合法性问题需要修改或者废止，**而最高人民法院或者最高人民检察院不予修改或者废止的，**应当**提出**撤销或者**要求最高人民法院或者最高人民检察院予以修改、废止的议案、**建议，**或者提出由全国人民代表大会常务委员会作出法律解释的议案、**建议，**由委员长会议决定提请常务委员会审议。
	第四十四条　备案审查机关应当建立健全备案审查衔接联动机制，对应当由其他机关处理的审查要求或者审查建议，及时移送有关机关处理。
	第四十五条　常务委员会应当每年听取和审议备案审查工作情况报告。

第六章　询问和质询	第六章　询问、专题询问和质询
第三十四条　各级人民代表大会常务委员会会议审议议案和有关报告时，本级人民政府或者有关部门、人民法院或者人民检察院应当派有关负责人员到会，听取意见，回答询问。	**第四十六条**　各级人民代表大会常务委员会会议审议议案和有关报告时，本级人民政府或者有关部门、**监察委员会**、人民法院或者人民检察院应当派有关负责人员到会，听取意见，回答询问。
	第四十七条　各级人民代表大会常务委员会围绕关系改革发展稳定大局和群众切身利益、社会普遍关注的重大问题，可以召开全体会议、联组会议或者分组会议，进行专题询问。本级人民政府及其有关部门、监察委员会、人民法院或者人民检察院的负责人应当到会，听取意见，回答询问。
	第四十八条　专题询问应当坚持问题导向，增强针对性、实效性，积极回应社会关切。 **专题询问可以结合审议专项工作报告、执法检查报告或者其他报告进行。**
	第四十九条　常务委员会开展专题询问前，可以组织开展专题调查研究，深入了解情况，广泛听取意见。 **常务委员会办事机构应当及时将有关专题调查研究报告和汇总的有关方面意见发给常务委员会组成人员。**
	第五十条　专题询问中提出的意见交由有关国家机关研究处理，有关国家机关应当及时向常务委员会提交研究处理情况报告。必要时，委员长会议或者主任会议可以决定将研究处理情况报告提请常务委员会审议。
第三十五条　全国人民代表大会常务委员会组成人员十人以上联名，省、自治区、直辖市、自治州、设区的市人民代表大会常务委员会组成人员五人以	**第五十一条**　全国人民代表大会常务委员会组成人员十人以上联名，省、自治区、直辖市、自治州、设区的市人民代表大会常务委员会组成人员五人以

上联名，县级人民代表大会常务委员会组成人员三人以上联名，可以向常务委员会书面提出对本级人民政府及其部门和人民法院、人民检察院的质询案。 质询案应当写明质询对象、质询的问题和内容。	上联名，县级人民代表大会常务委员 会组成人员三人以上联名，可以向常务委员会书面提出对本级人民政府及其部门和**监察委员会、**人民法院、人民检察院的质询案。 质询案应当写明质询对象、质询的问题和内容。
第三十六条 质询案由委员长会议或者主任会议决定交由受质询的机关答复。 委员长会议或者主任会议可以决定由受质询机关在常务委员会会议上或者有关专门委员会会议上口头答复，或者由受质询机关书面答复。在专门委员会会议上答复的，提质询案的常务委员会组成人员有权列席会议，发表意见。委员长会议或者主任会议认为必要时，可以将答复质询案的情况报告印发常务委员会会议。	**第五十二条** 质询案由委员长会议或者主任会议决定交由受质询的机关答复。 委员长会议或者主任会议可以决定由受质询机关在常务委员会会议上或者有关专门委员会会议上口头答复，或者由受质询机关书面答复。在专门委员会会议上答复的，提质询案的常务委员会组成人员有权列席会议，发表意见。委员长会议或者主任会议认为必要时，可以将答复质询案的情况报告印发常务委员会会议。
第三十七条 提质询案的常务委员会组成人员的过半数对受质询机关的答复不满意的，可以提出要求，经委员长会议或者主任会议决定，由受质询机关再作答复。	**第五十三条** 提质询案的常务委员会组成人员的过半数对受质询机关的答复不满意的，可以提出要求，经委员长会议或者主任会议决定，由受质询机关再作答复。
第三十八条 质询案以口头答复的，由受质询机关的负责人到会答复。质询案以书面答复的，由受质询机关的负责人签署。	**第五十四条** 质询案以口头答复的，由受质询机关的负责人到会答复。质询案以书面答复的，由受质询机关的负责人签署。
第七章 特定问题调查	**第七章 特定问题调查**
第三十九条 各级人民代表大会常务委员会对属于其职权范围内的事项，需要作出决议、决定，但有关重大事实不清的，可以组织关于特定问题的调查委员会。	**第五十五条** 各级人民代表大会常务委员会对属于其职权范围内的事项，需要作出决议、决定，但有关重大事实不清的，可以组织关于特定问题的调查委员会。

第四十条 委员长会议或者主任会议可以向本级人民代表大会常务委员会提议组织关于特定问题的调查委员会，提请常务委员会审议。 五分之一以上常务委员会组成人员书面联名，可以向本级人民代表大会常务委员会提议组织关于特定问题的调查委员会，由委员长会议或者主任会议决定提请常务委员会审议，或者先交有关的专门委员会审议、提出报告，再决定提请常务委员会审议。	**第五十六条** 委员长会议或者主任会议可以向本级人民代表大会常务委员会提议组织关于特定问题的调查委员会，提请常务委员会审议。 五分之一以上常务委员会组成人员书面联名，可以向本级人民代表大会常务委员会提议组织关于特定问题的调查委员会，由委员长会议或者主任会议决定提请常务委员会审议，或者先交有关的专门委员会审议、提出报告，再决定提请常务委员会审议。
第四十一条 调查委员会由主任委员、副主任委员和委员组成，由委员长会议或者主任会议在本级人民代表大会常务委员会组成人员和本级人民代表大会代表中提名，提请常务委员会审议通过。调查委员会可以聘请有关专家参加调查工作。 与调查的问题有利害关系的常务委员会组成人员和其他人员不得参加调查委员会。	**第五十七条** 调查委员会由主任委员、副主任委员和委员组成，由委员长会议或者主任会议在本级人民代表大会常务委员会组成人员和本级人民代表大会代表中提名，提请常务委员会审议通过。调查委员会可以聘请有关专家参加调查工作。 与调查的问题有利害关系的常务委员会组成人员和其他人员不得参加调查委员会。
第四十二条 调查委员会进行调查时，有关的国家机关、社会团体、企业事业组织和公民都有义务向其提供必要的材料。 提供材料的公民要求对材料来源保密的，调查委员会应当予以保密。 调查委员会在调查过程中，可以不公布调查的情况和材料。	**第五十八条** 调查委员会进行调查时，有关的国家机关、社会团体、企业事业组织和公民都有义务向其提供必要的材料。 提供材料的公民要求对材料来源保密的，调查委员会应当予以保密。 调查委员会在调查过程中，可以不公布调查的情况和材料。
第四十三条 调查委员会应当向产生它的常务委员会提出调查报告。常务委员会根据报告，可以作出相应的决议、决定。	**第五十九条** 调查委员会应当向产生它的常务委员会提出调查报告。常务委员会根据报告，可以作出相应的决议、决定。

第八章　撤职案的审议和决定	第八章　撤职案的审议和决定
第四十四条　县级以上地方各级人民代表大会常务委员会在本级人民代表大会闭会期间，可以决定撤销本级人民政府个别副省长、自治区副主席、副市长、副州长、副县长、副区长的职务；可以撤销由它任命的本级人民政府其他组成人员和人民法院副院长、庭长、副庭长、审判委员会委员、审判员，人民检察院副检察长、检察委员会委员、检察员，中级人民法院院长，人民检察院分院检察长的职务。	**第六十条**　县级以上地方各级人民代表大会常务委员会在本级人民代表大会闭会期间，可以决定撤销本级人民政府个别副省长、自治区副主席、副市长、副州长、副县长、副区长的职务；可以撤销由它任命的本级人民政府其他组成人员和**监察委员会副主任、委员，**人民法院副院长、庭长、副庭长、审判委员会委员、审判员，人民检察院副检察长、检察委员会委员、检察员，中级人民法院院长，人民检察院分院检察长的职务。
第四十五条　县级以上地方各级人民政府、人民法院和人民检察院，可以向本级人民代表大会常务委员会提出对本法**第四十四条**所列国家机关工作人员的撤职案。 县级以上地方各级人民代表大会常务委员会主任会议，可以向常务委员会提出对本法**第四十四条**所列国家机关工作人员的撤职案。 县级以上地方各级人民代表大会常务委员会五分之一以上的组成人员书面联名，可以向常务委员会提出对本法第**四十四**条所列国家机关工作人员的撤职案，由主任会议决定是否提请常务委员会会议审议；或者由主任会议提议，经全体会议决定，组织调查委员会，由以后的常务委员会会议根据调查委员会的报告审议决定。	**第六十一条**　县级以上地方各级人民政府、**监察委员会、**人民法院和人民检察院，可以向本级人民代表大会常务委员会提出对本法**第六十条**所列国家机关工作人员的撤职案。 县级以上地方各级人民代表大会常务委员会主任会议，可以向常务委员会提出对本法**第六十条**所列国家机关工作人员的撤职案。 县级以上地方各级人民代表大会常务委员会五分之一以上的组成人员书面联名，可以向常务委员会提出对本法**第六十条**所列国家机关工作人员的撤职案，由主任会议决定是否提请常务委员会会议审议；或者由主任会议提议，经全体会议决定，组织调查委员会，由以后的常务委员会会议根据调查委员会的报告审议决定。
第四十六条　撤职案应当写明撤职的对象和理由，并提供有关的材料。 撤职案在提请表决前，被提出撤职的人员有权在常务委员会会议上提出申辩意见，或者书面提出申辩意见，由主任会议决定印发常务委员会会议。	**第六十二条**　撤职案应当写明撤职的对象和理由，并提供有关的材料。 撤职案在提请表决前，被提出撤职的人员有权在常务委员会会议上提出申辩意见，或者书面提出申辩意见，由主任会议决定印发常务委员会会议。

撤职案的表决采用无记名投票的方式，由常务委员会全体组成人员的过半数通过。	撤职案的表决采用无记名投票的方式，由常务委员会全体组成人员的过半数通过。
第九章　附　则	**第九章　附　则**
第八条第二款　常务委员会听取和审议专项工作报告的年度计划，**经**委员长会议或者主任会议通过**，印发常务委员会组成人员**并向社会公布。 **第二十三条第一款**　常务委员会年度执法检查计划，**经**委员长会议或者主任会议通过，**印发常务委员会组成人员**并向社会公布。	**第六十三条　各级人民代表大会**常务委员会**制定**年度**监督工作**计划，**加强工作统筹，综合运用**听取和审议专项工作报告、**执法检查、专题询问、专题调研等方式进行监督，增强监督工作的针对性、协调性、实效性。** 年度**监督工作**计划**由**委员长会议或者主任会议通过并向社会公布。 **年度监督工作计划可以根据实际需要作出适当调整。**
第四十七条　省、自治区、直辖市的人民代表大会常务委员会可以根据本法和有关法律，结合本地实际情况，制定实施办法。	**第六十四条**　省、自治区、直辖市的人民代表大会常务委员会可以根据本法和有关法律，结合本地实际情况，制定实施办法。
第四十八条　本法自 2007 年 1 月 1 日起施行。	**第六十五条**　本法自 2007 年 1 月 1 日起施行。